말하지 않은 것들이

말하는 곳으로

말하지 않은 것들이 말하는 곳으로

김민재 지음

" 아름답다는 생각을 하는 순간마다
새롭게 피어나는 꽃송이 따라 그가 갔다 "

" 꽃들의 시간들 내 안에 심는,
아주 잠깐 그는 그림자일지 모른다 "

작가의 말

 무언가에 늘 위축되고 짓눌려 서성거린 날이었다.
 무언가에 홀려 무작정 떠돌았던 나날이었다.
 그러다 돌아보면 먼지만 가득 쌓여 있을 뿐, 다시 그 자리였다.
 그 반복 여정을 방황이라 하였다가 때론 익숙하지 않은 곳에서 나를 바라보기 위한 내면을 여행이라 이름 붙이기도 하였다.

 낯가림이 심하고 잘 어울리지 못하는 성격에 혼자서 떠나고 혼자서도 잘 논다.
 그러나 어디쯤에 헤매고 있을 시는 찾지도 못하였고, 나의 내면을 남에게 내보여야 하는 용기도 익숙하지 않지만, 때론 즐겁고 행복하게, 때론 외로움을 감춘 명랑함으로 떠돌아다니면서 나에게 위로가 되었던 글을 모았다.

내 시를 읽으면 어둡고 슬퍼서 읽기 싫다고들 한다.
마음이 무거워져서 읽다가 시집을 덮어버렸다고도 한다.
여행 에세이를 읽는 모든 분의 마음이 어둡거나 무겁지 않았으면 좋겠다.
혼자서 훌쩍 떠나지 못하는 모든 분들에게 용기를 줄 수 있었으면 좋겠다.

2025년 2월
김민재

목차

작가의 말

제1부
그 여자, 사계

내 안의 동백은 언제 피나	14
고향, 골목 헤매기	21
한옥마을에서 서성이다	27
아파서 슬프고, 슬퍼서 아프다	35
언제까지 떠돌아야 하나	41
섬에 들다	47
암각화의 시간 속에 내려놓다	51
연두에 낀 오월	56
월출산 치향에서 섬표를 찍다	60
다산의 길에 서다	63
숨어 있는 유월을 찾아서	68
산문과 시 사이에 바다가 있다	74
침묵의 마을에 든 여인	79

슬픔의 밀물 위로 돋는 해	83
섬, 해설픈 풍경 속	88
부소담악에 들다	92
무진, 보이지 않는 도시	96
배론성지에서 토굴 속 아픔을 마주하다	101
도착하지 않는 곳으로 가는 아름다운 동행	105
혼자라서 향기로운 시간	111
장미는 철없이 피지 않는다	118
풍경소리 고요를 덖는	124
코스모스 꺾어 마음에 담으니	128
그리움의 성벽을 쌓다	132
다섯 시를 두고 오다	138
출렁과 울렁 사이의 멀미	142

제2부
소소한 이야기

땅끝에 온 까닭	150
나의 문학을 찾아 천년 숲길을 걷는다	155
파랑으로 간 빨강	160
툇마루에 앉아서	164
호박과 커피	168
무화과 주막	172
시인은 문밖에 소설가는 문 안에 있다	178
모든 사라진 것들은 뒤에 여백을 남긴다	181

제3부
섬·섬·섬

백 년의 숨결 천 년의 입맞춤	188
유배지의 꽃 『자산어보』	193
섬 · 섬 · 섬	198
낭만에 젖고 싶을 때	204
섬이 왔다, 내 안에	209
순례자의 섬, 섬티아고 1	212
순례자의 섬, 섬티아고 2	218
내 안의 섬으로 가는 길	224
물멍	228
일몰이 아름다운 해변	232
난기류를 헤치고 왔다	236
무의미의 의미	244
올레길	248
눈물의 십자가	254

제4부
나에게 유라시아

노르웨이 숲이 부른다	262
길 잃어보면 안다	266
플롬스바나	273
핀란디아의 선율에 취하다	278
여름과 겨울 사이	285
길은 끝이자 시작이다	290
발효되기까지	295
농약 맛 어떠한지요?	300
9번째 月과 日	304
완벽한 폐허	310
리몬첼로에 아롱아롱	314
아픈 체코	318
프라하의 밤	323

사라진 왕국의 역사	328
노아의 방주, 핑크 우산 쓰다	334
소년의 눈빛에 찍힌 발자국	339
열하 가는 길	344
아들은 나를 민재라 부른다	351
두 번은 없다	358
오후 2시 특급열차를 잡아라	364
동굴 안의 점심 식사	371
사막의 다짐	377
물들어진, 우리의 30년	382

도판 목록 및 인용문 출처

사진작가 - 조훈기

제1부
그 여자, 사계

그가 왔다
향기로운 꽃이 향기를 만드는 것이 아니라
향기를 느끼는 마음이라 꽃이 더 향기롭다
빛을 밟지 않고서는 건널 수 없는 시간이
문신처럼 박힌 꽃봉오리늘 지나
아름답다는 생각을 하는 순간마다
새롭게 피어나는 꽃송이 따라
그가 갔다
가슴속 어딘가에 지워지지 않는
지워질 수 없는 이름이
파스처럼 달라붙어 떼어지지 않고
갈 수 없는 곳까지 번지는 꽃들의 시간들
내 안에 심는, 아주 잠깐
그는 그림자일지 모른다.

내 안의 동백은 언제 피나
- 선운사

사월이다. 고창공용버스터미널에서 선운사행 직행버스에 승객은 나 혼자였다. 적막한 버스 안에서 마스크 안으로 입김이 쌓이고, 차창 밖 한적한 농촌 풍경은 엔진 소리를 따라 뒤로 밀리며 사라진다. 그 풍경과 함께 사라지고 묻히는 것들, 내 안의 찌꺼기들.

선운사로 들어선 샛길을 따라 희뿌연 공기 속 벚꽃이 차창으로 다가오고 저만치 동백꽃도 아슴푸레하게 스쳐 간다. 언뜻 착란이 인다.

황사를 걷어낼 수는 없지만 고요함 속 싱그러움이 눈

에 찬다. 데크 길을 따라 내 안의 생각이란 생각을 모두 비우며 천천히 걷다 보니 녹차밭이 눈앞에 펼쳐진다. 단풍나무들 사이로 여리게 올라오는 연두. 무리 지어 푸른 꽃무릇 여기저기 쌓인 돌탑들에 이름을 붙여본다. 새싹·봄·계절·향기·설렘, 그 이름들을 두 번 세 번 불러본다.

 그리고 내 평생의 아픔으로 남은 당신!

 도솔암 가는 길.
 그림자 하나 없는, 고요가 쌓인 길을 걷는다. 선운산 숲길에 내 발소리를 남기며 걷는데 청량하게 들리는 계곡물이 와락 다가와 내 안의 것들을 지우라고 소곤- 소곤거린다. 물 위에 비친 나무 그림자 사이로 언뜻 버리지 못한 감정의 찌꺼기들이 떠간다. 감정이란 잔상 같은 것이어서, 버렸다고 생각했는데 불쑥불쑥 튀어나오기도 해서 버리기가 여간 어렵다. 자연은 이런 감정을 부려놓기에 안성맞춤이 아닐까.

 숲길에 몸담은 두려움이 혼자 버려진 슬픔 같아서 불어오는 바람에게 칙칙한 생각을 버리며 친구의 목소리를 청한다.

42세에 폐암으로 사망한 미국의 작가 캐럴라인 냅의 『명랑한 은둔자』에서 작가는 "전화를 붙잡고 자의식을 놓아버린 채 재잘거리는 능력은 여자들의 우정만이 갖고 있는 멋진 특징이다."라고 한다. 나 또한 나연 친구와 한참을 스마트 폰 너머로 횡설수설 수다를 떤 후 씩씩하게 걷는다. 혼자이기를 즐기고, 혼자서도 잘 놀고 잘 다니지만, 함께 어울리지 못하는 나 또한 고독한 은둔자일지 모른다는 생각을 하다가 우울한 생각은 내 영혼을 갉아먹는 벌레 같아서 그만 버린다.

그렇게 헉헉, 숨을 뱉으며 걷는 오르막길을 따라 내 안의 것들을 하나하나 밟으며 걷는다. 신라 제24대 진흥왕이 왕위를 물려주고 선운사로 와 승려가 된 뒤 좌변 굴에서 수도 정진하였기에 붙여진 진흥굴이다. 사자암 앞 진흥굴은 육백 살의 천연기념물 장사송이 지키고 있다. 다시 찾아온 고요. 시간은 고요를 만들어내는가. 계곡물에 입술을 적신 노래는 내 몸 어디에 고여 있을까. 머뭇-머뭇거리는 돌탑의 입술에 귀 기울이다가 남겨진 모든 얼굴의 행간 끝에 언제나 지워지지 않는 숨결로 내 몸에 흐르고 있는 당신을 떨쳐내기 위해 다시 힘차게 걷는다.

동불암지 마애여래좌상

  땅에 핀 동백꽃을 줍고 있는 보살의 등 위로 살포시 내려앉는 붉은 꽃 뚝뚝. 자루에도 담아내고, 기왓장 사이사이 꽂아도 주고, 두 손 합장 즐겁게 여행하라며 웃음 한 줌, 내 안에 심어주는 보살 옆으로 연꽃무늬를 새긴 받침돌에 앉아 있는 국내 최대 마애불인 동불암지 마애여래좌상. 칠송대 절벽 한 면에 조각된 불상은 신체 높이가 약 15.7m, 무릎 너비는 약 8.5m로 웅장하다.

  동백꽃은 세 번 핀다고 한다. 나무에서 한 번, 땅에 져서 또 한 번. 그대 가슴에 「오동도 동백꽃처럼」 노랫말에 더하기, 그리고 기왓장 사이에 네 번. 그런데 내 안의 동백꽃은 언제 꽃피울까. 고통받는 중생을 구원한다는 지장보살을 모신 도솔천 내원궁을 오르는 돌계단 틈틈이 모든 것은 찰나일 뿐 미움도 욕심도 다 내려놓고 오르다 보면 내 안에도 동백꽃이 붉게 물들 거라는 생각을 갖고 가파르고 비좁은 계단을 오른다. 꽃으로 피워낼 마음을 내려놓지 못하는 건 무엇 때문일까.

"오묘한 지혜의 경계인 구름에 머무르면서 갈고 닦아 선정의 경지를 얻는다." 하여 절 이름을 '禪雲(선운)'이라 지었다고 전하는 선운사를 창건한 검단선사의 설화가 깃들어 있는 미륵 바위의 뒤로 선운사 대웅전 뒤 수령 깊은 동백 숲이 한눈에 가득하다.

 내 앞에 아른아른 어둑한 초록과 장엄한 붉은색들, 고개를 젖혀 오래오래 바라보니 눈의 감각을 잃어 동백의 저 붉은색들은 내 발아래에 뭉개어지며 희미해져 간다.

 사찰의 단청과 조화를 이루며 매화꽃·목련꽃·동백꽃의 향연에 목이 메어 어두워지다 희고 환해지는 선운사의 봄날.

 선다원 담장에 붙은 담쟁이넝쿨의 사선 줄기가 강약의 필체로 그려놓은 듯 담채 한 폭. 수선화 노란 웃음에 발문을 새겨 렌즈에 담다 그만 카메라의 숨이 멎었다. 수없이 드나들었던 서비스센터에 다녀왔지만, 또 말썽이다. 아마도 수명을 다한 것 같다. 내 삶도 이렇듯 예고 없이 한순간 고요히 사라지길 바라는 마음과 함께 하염없이 꽃비가 날린다.

 아버지, 그 이름만으로 가슴이 아리다. 일찍 홀로된 딸 지켜보며 마음 삭였을 아버지. 가슴이 뭉클해지며 한 편의 시를 새겨본다.

    꽃무릇 화상을 입고 돌아오는 주말
    아버지 모시고 선운사 갔었지
    불판에 몸 구부러지는 장어 소금 뿌리며
    내가 쳐놓은 그물 문장들
    기다리는 초원식당

    주진천 거슬러 온 꼬리의 내력

읽을 수 없어
동강동강 잘린 장어 몸 깊이만
깻잎에 생강 올려 야무지게 넘기던 12시

풍천이 파종해야 할 치어와
내가 유예시킨 언어들이
돌아오는 길은
얼마의 바다와 강을 거슬러 올라야 할까

선운사 꽃무릇

고향, 골목길 헤매기
- 고창

 방문산·방장산·문수산·고산 등 산들 안에 노령산맥 한 줄기를 끌고 와 자리한 고창. 뜨거운 물에 담긴 비릿하면서 고소한 작두콩 찻물 같은 곳. 아버지가 혼자서 꾸리는 삶이 소록소록 피어오르는 그곳. 푸름 가득한 오월 안으로 들어간다. 이팝나무꽃 만장을 이룬 엄마 산소 가는 길 노동저수지는 텅 빈 시간을 받치고 있다. 엄마 가신 지 13주기 구부러진 마음 명치에서 가늘게 떨린다. 나와 내 삶이 아닌 세월을 건너온 나의 서른 해 그 안에 숨은 엄마의 눈물이 고여 이룬 노동저수지 물결무늬가 봉분 위에서 출렁인다.

바슐라르는 말하지 않았던가. 시인에게 어린 시절은 몽상의 샘물이라고.

어린 날의 추억이 머물러 있는 곳. 호박죽 냄새 길어 올리던 저녁이 있고, 솔가지 태우던 연기 속 아침이 있고, 만화책 가득히 쌓여 있던 골방 깊은 밤이 있고, 펌프 물 끌어올려 등목 하던 한낮의 짜릿함이 있는 오두막은 사라지고 없지만 '동산물'이라 불리던 그 골목 그 길을 따라 걷는다.

여고 시절 내가 첫사랑이었다고 첫 고백을 하였다고 했던 나는 기억에도 없는 그 애의 우람하던 기와집은 사라지고 새로 건축된 집 뒤로 우거진 대숲이 바스락거린다. 한참을 우두커니 서서 바라보는 그 집 앞. 까다롭고 울퉁불퉁한 성격의 그 애만큼이나 세월의 더께가 깊다. 잠시 추억을 삼키다가 박완서 작가의 『그 남자네 집』 한 문장이 빗금을 치고 간다.

"첫사랑, 비밀한 꽃처럼 피어나던 그 남자….
추억은 세월의 세계가 더께가 더할수록 빛을 발한다.

순수한 첫사랑과 황홀한 절망의 깊이로…."*

 댓잎 휘어진 옆으로 우뚝 솟은 성산 아파트가 한자리 차지하고 유년의 풋풋한 이야기를 전해주고 있다. 그때도 지금도 변하지 않은 지붕 낮은 집들 서걱거리는 바람을 맞으며 사부작사부작 걷는다.

 수줍음과 기쁨·슬픔이 섞인 어린 날의 골목, 탱자나무 가시 콕콕 찌르던 그 골목에는 아직도 몇 그루의 탱자나무가 지키고 있다. 페인트 빛바랜 슬레이트 지붕에 무너진 돌담과 벽돌담 사이 양철 대문에 매달린 단추 하나. 하늘을 향해 누르고 허공을 향해 누르고 내 마음에게 누르던 버저 소리 들리지 않지만 하굣길에 장난으로 초인종 누르고 도망치던 집. 주인에게 잡혀 혼나기도 한 소녀에게는 그게 놀이였고, 친구였고 재미였던, 아련함이 조각조각 피어오른다.

 도랑물 졸졸 흐르던 흙길은 복개하여 시멘트 바닥이 대신하고, 사춘기 때 동경했는지 짝사랑했는지 모를

---

* 『그 남자네 집』 책 표지 인용.

미술 선생님 하숙집 담장 너머 채마밭 사라지고 지붕을 넘고 있는 햇살 무더기 받아 안으니 그 시간들이 물컹물컹 심장을 두드린다.

 짓다 만 건물, 제 모습 갖출지, 언제일지 모르지만 마당 한가운데 세발자전거와 목마가 그림자놀이를 하고 있다. 가슴속에 있는 길을 걸으니 고향은, 동네는 그렇게 해찰하며 어슬렁거려도 꿈길을 걷는듯하다.

 골목길에서 대로로 조금 나오니 고창읍성 한옥마을 펜션 담장 옆 사랑을 점치라는 꽃말처럼 하얀 옥스아이 데이지가 지천이다. 가로수가 소나무인 길 따라 고창문화예술회관 주차장으로 사라진 나의 푸른 한때 그리고 고향집. 주차장 한가운데 서서 어디쯤에 나의 풋풋함이 잠겨 있을까, 뜯지도 않은 채 돌아온 편지처럼 유년의 기억을 돌리고 있는, 그렇게 한낮의 뜨거운 태양을 이고 있다.

 은행잎 구름처럼 떠다니던 앞마당. 철쭉 물든 화단 위로 동백꽃 뚝뚝. 사이사이 채마밭 만들어 보라 꽃가지 열매 주렁주렁. 호박 넝쿨 긴 담장을 매달고 둥그렁게 그네를 타던 여기, 어디쯤 모시 잎 뜯고 있었던 엄마 모습과 살구 열매 주워 먹던 내 무릎 앞으로 붉은 자동차가 다가온다. 유년의 한 소반을 아스팔트에 묻어버린 주차장은 침묵이고, 파낼 수 없는 파 뿌리 같은 한 시절의 그림자를 지우고 있다.

내 몽상의 근원을 찾아 기억 속의 옛것을 찾아 나선다. 판소리 여섯 마당을 집대성하고 문학사에 뛰어난 족적을 남긴 동리 신재효 선생 고택 툇마루에 앉아 바라보는 사립문 저 너머 지금은 도로가 된 고창경찰서 터를 머릿속으로 더듬다가 고택 한 바퀴를 돌았다. 뒤뜰은 동리국악당('동리'는 신재효의 호)과 모양성(왜구 침입에 대비, 1453년 세운 자연석 성곽. 일명 고창읍성)에 대고 있다. 중요 민속자료 제39호로 지정된 신재효의 고택은 1850년경에 지어졌으며, 현재 정면 5칸 측면 2칸 규모로 지어진 사랑채와 오동나무, 우물 등이 남아 있다. 녹음 짙은 고요가 가로질러 간다. 사그락거리는 내 발자국이 풀고 있는 판소리는 여섯 마당 중 어느 부분에 있을까. 그 발자국 찍힌 곳을 찾아내 마음속을 내내 헤맨다. 지금, 그리고 앞으로도.

동리 가비(歌碑)

한옥마을에서 서성이다
- 전주

 감당하기 어려운, 그래서 애쓰지 않아도 될 것 같은 오늘, 의미 없는 것들에 대한 걱정으로 채우는 시간들이 무의미할 것 같은 오늘. 하지만 기다림은 계속된다.

 한옥마을 '홍란미덕' 툇마루에 앉아 경화를 기다리며 영국의 비평가 올리비아 랭의 『외로운 도시』 한 페이지 "지금 외롭다면 이건 당신을 위한 책이다."라는 한 문장에 매달렸다.

 심심하다.
 볕이 고소해서 눈에 들어오지 않는 활자인지, 머릿속

이 뒤엉켜 마음을 붙잡고 있는지 모르겠다. 지금 누군가 다정하게 나를 쳐다본다면 햇볕에 내놓은 버터처럼 녹아버릴 것 같다. 그러나 다정하게 쳐다봐 줄 사람 없는 뜨락 장독대 위 수수꽃다리 보라보라, 금잔화 노랑이 그렁거리는.

경화는 오지 않고 둘 데 없는 마음에 헛생각을 입혀본다. 한옥마을 '홍란미덕'을 예약할 때부터 궁금했던 숙소 상호. 홍란 엄마와 딸 미덕일까? 아님 미덕 언니와 동생 홍란일까? 이름은 분명한데 조합이 안 된다. 서까래에 매달려 있는 전등과 전선처럼 엉키는 즐거운 생각들은 여행이 주는 여유인가.

내친김에 작명의 내막을 물어본다. 46년 된 한옥으로 전 주인 어르신 사남매 이름 하나씩 따서 붙인, 기운이 좋은 집이란 사장 아가씨 설명에 의문이 풀린다. 지금은 엄마와 딸이 운영하는 작고 아담한 한옥 툇마루에 앉아 그 이름을 곱씹으며 햇볕에 펼쳐본다.

경화는 나타나지 않았다. 바쁜 일이 있나 보다. 누구나 저마다의 일에 쫓겨 사는 게 인생이 아니던가. 봄밤이 시리다. 어차피 여행은 외롭고 쓸쓸해지기 위해서 떠나는 새로운 마음으로 새롭게 만나야 할 시간이 아닐까.

한옥마을 길을 타박타박 걷는 이른 아침 공기가 차갑다. 시린 손 비벼가며 남천교 위 청연루에서 바라보는 전주천 변 수양버들 연두가 물빛을 베끼고 있다. 바람을 가르며 지나가는 자동차 바퀴 소리에 내 발자국 소리가 들리지 않는다.

서학동 예술마을 모든 상점들이 아직은 입 다물고 있는데 오직 내 코를 자극하는 떡집만 눈을 뜨고 냄새로 인사를 한다. 쭉 뻗은 길 좌우로 외관을 예쁘게 장식한 갤러리와 공방, 카페, 게스트하우스, 이발소, 쌀집, 세탁소의 옛 간판과 함께 구부러진 골목 사이로 일반 주택들이 어우러져 사이좋게 이야기를 꾸며가고 있다.

촌스러움이 녹아 어제와 오늘이 함께 공존하는, 그래서 일상이 의도하지 않은 추억으로 연결되는 곳. 그 길 따라 쭈욱 싸전다리까지 걷는데 출근하는 바쁜 발걸음에 신호등이 색을 입히고 있다.

오전 6시에 장을 열고 9시면 파장이 되는 매곡교와 옛날에 이 다릿목을 끼고 좌우로 쌀가게들이 있어 이름 붙여진 싸전다리 사이 천변에 형성된 노천 반짝 시장. 좌판에 깔린 시골 아낙들의 이야기가 묻어나는 야채들이 말을 건다.

 싱싱한 풋마늘이 열무와 쪽파가 값이 싸다며 상인보다 먼저 검정 비닐봉지가 푸드덕거린다. 그러나 동트기 전 카메라만 덜렁 들고 나온 지금 주머니는 먼지뿐.

 좌판 검버섯 핀 노인 손등에 내려앉는 햇살과 물 위에 뜬 태양이 오리와 노닐고 있는 매곡교를 지나 남부시장 입구에 서 있는 '전주 3.1 운동 발상지' 표석. 시장 상인들의 소란이 3.1 운동 당시의 어수선함을 떠올리게 하는듯하다.

 고려 우왕 6년, 이성계가 운봉 황산에서 왜군을 무찌르고 돌아가던 중 자신의 고조부인 목조가 살았던 이곳에 들러 승전을 자축하였다는 오목대에 오르는 데크 전망대에서 바라보는 한옥마을. 하늘을 향해 살짝 휘어진 팔작지붕들은 닿을 듯 닿지 않는 너와 나처럼 곡선을 이루며 한옥의 멋을 내고 있다. 빌딩과 한옥이 조화를 이루며 그려내는 한 폭의 풍경화다.

3.1 운동 발상지 표지

　고종 황제가 친필로 썼다는「태조고황제주필유지」 비문의 비석 앞 까치 한 마리 아장아장. 까치가 나를 관찰한다. 나는 까치를 외면하고 자만벽화마을 가는 길목, 명자꽃 볼 빨갛게 웃고 있다. 시인들이 쓴 시어들이 꿀벌로 날고 있다.

　옛 백양메리야스 공장 부지에 움직이는 다리가 되

고자 했던 설립자의 뜻을 담아 소통의 통로인 교동. 2007년 4월 문을 연 교동미술관은 작가와 대중이 서로 소통하며 작가들에겐 참신한 작품들이 창조되는 공간을, 일반인들에겐 문화예술에 대한 새로운 시각을 불어넣어 주는 공간을 모토로 도시재생 차원에서 그 시절 옛 공장의 정취를 간직하고 있다는 안내 표지판이 있다.

 1층 전시실에서 김미소 작가의 「SAME SAME」이라는 작품을 감상하다 「호기심」이란 작품이 다가온다. 오목대에서 나를 관찰하던 까치 녀석이 생각나서 한참을 그 작품 앞에 있었다. 그래 호기심. 나도 까치도 서로 호기심으로 바라봤던 거다. "존재하는 것들에 대한 에너지의 율동, 무너지지 않는 생명력과 그 안에서 형성되는 교집합 속에서 일상을 담아내고 싶었다."라고 한 작가의 말처럼 까치도 나도 세상의 모든 것들과 조화를 이루며 살아가려는 외톨이는 아닐까.

 벚꽃 터널을 지나 청명한 하늘을 이고 달린다. 꽃비가 날린다. "꽃은 거울이다."라고 한 함민복 시인의 표현처럼 내 모습은 반영되지 않지만, 꽃을 바라보면 내가 꽂인 듯 환해지고 닫힌 마음까지 열어주는 향기와 빛깔들. 꽃들이 있기에 꽃이 주는 행복이 있다.

내 혈관 속에서 사월이 노래를 부르고 봄의 유혹이 공기 속을 떠다니다 도착한, BTS가 뮤직비디오를 찍으면서 유명해진 완주 오성제 저수지. 몇 년 전 이곳 오스갤러리 카페에서 여고 동창들 말봉·순미·옥희·현자와 함께했던 웃음소리가 이명으로 들린다.

경화가 왔다. 남동생의 부인이자 내 오랜 내면의 친구, 경화가 오니 얼마나 마음이 푸근해지는지….
'오성다원' 잔디마당을 지나 야외 흔들의자에 앉아 경화와 둘이서 바라보는 카페 '라온'은 햇볕에 익어가고, 나뭇가지 수줍게 아기 손 펼치는 연두가 눈앞에서 아른거린다.

여기, 오늘, 지금, 멍 때리기.

공지영 작가는 『그럼에도 불구하고』에서 "산다는 건 낯선 여인숙에서의 하룻밤 같다고, 오늘 행복하지 않으면 영영 행복은 없는 거라고."라고 했다. 나와 경화는 오늘 자연이 주는 여유로 등짝에 한기가 오싹하도록 오성제 저수지에 산그림자처럼 떠 있다. 바람 알코올로 인해 행복한 봄날이 오렌지빛으로 얼큰하게 취해간다.

 허기진 저녁은 '화심순두부찌개'로 마음속 깊이 붉은 물 들이고 벚꽃 난사하는 아중저수지 에돌아 온 봄날. 경화는 처음 봤을 때보다 더 화사해지고 청명해졌다. 자연이 사람을 씻어냈기 때문이리.

아파서 슬프고, 슬퍼서 아프다
- 목포 1

 오래전 꽃 피고 지고 연두에 물들다 초록 지천일 때까지 병실에서 지낸 적이 있다. 그때 엄마는 아픈 딸보다 남아 있을 손자들만 생각했다고 하셨다. 그런데 꽃 피고 지는데, 연두로 물들고 있는데 몸과 마음이 아파 병실에서 자신과 싸우고 있다는 친구의 소식이 전해져 왔다. 너무 아파서 슬프고, 슬퍼서 아프다. 그 시절의 내가 되어 돌아온 것 같다. 견디고 견딘 무게가 어떤 건지 너무 잘 알기 때문에 친구의 아픔에 슬픔이 내 방까지 찾아왔다.

 마음을 펼쳐내지 못해 읽을 수 없는 우울을 버리고

목포행 KTX를 탔다. 진한 안개로 한 치 앞이 안 보인다. 안개를 끌어안고 달리는 열차를 따라 마음의 안개 또한 걷히지 않았다. 싸우고 있을 친구의 빠른 회복을 기원하는 사이 안개가 걷히자, 오전이 지나갔다.

 안개 같은 생각을 떨쳐버리려고 무작정 떠돌았다. 푸른 바다를 마주하고 세상 평온하게 펼쳐진 목포문학관에서 김우진·박화성·차범석·김현 선생들 생애와 작품을 감상한 후 목포생활도자박물관 가는 길. 남농기념관은 휴관이었다. 터벅터벅 보도블록 사이 제비꽃에 쪼그리고 앉아 아물지 않은 생각 하나를 붙잡고 그렇게 있어도 그림자조차 없다.

 떠돌아도 마음속 안개는 비워지지 않았다. 숙소에 와서 내내 잠을 이루지 못하고 친구의 안부를 끌어안고 뜬눈으로 밤을 새웠다. 슬픔이란 어디에서 솟는 것일까? 그 슬픔은 어떻게 삭일 수 있을까?

 어제 다 하지 못했던 골목 투어를 이른 아침부터 서둘렀다. 어쩌면 어제 다 하지 못한 게 투어가 아니라 내 안에 아직도 차 있는 걸 비우는 일이었는지도 모른다. 구부러진 길을 따라 걷는 내 마음만은 곧게 펴며 어슬렁거린다. 그러다 보면 막 떠오르는 태양 빛에 반사되어 반짝이는 글귀들 **'우정은 깡통과 같은 거래. 찌그러질 순 있어도 깨질 순 없는 거래. 친구야 사랑해'**와 어우러진 깔끄막 텃밭. 푸른 마늘잎 손짓하고 푸성귀들과 강아지들이 골목을 지키는, 아직 손 닿지 않은 아침을 만질 수 있었다. 그렇게 유달산 달성공원 벚꽃 휘늘어진 계단 총총 내려오면 '목원 감성 벽화 안내도'가 묻는다.

"언제 행복할 예정이신가요." "여기서 지금."

조선인 마을, 일본인 마을, 유달산, 항구, 서울로 가는 다섯 갈래 길. 오거리 초입 '동본원사'는 일본식 불교 사원으로 현재는 오거리 문화센터로 활용하고 있지만 암울했던 시대에 민주화운동의 산실로 활용했던 역사적인 건물이다. 일본은 하늘에서 벼락이 떨어지는 신성한 곳, 화살을 쏘아서 신성한 곳, 화살이 떨어지는 곳에 절을 짓는다고 한다. 그래서 절 입구가 활 모양으로 되어 있으며 이곳은 일제 강점기 때 사무라이가 돈을 바친 곳, 정치적 목적으로 이용했던 곳이라고 한다.

목포의 특징은 굴뚝이 없다. 목포는 부산, 군산, 인천에 이어 4번째로 1897년에 개항한 항구다. 일제는 개항과 동시에 수많은 것들을 쌔비해(훔쳐) 갔다는 해설사의 설명. 돈이 없어 가난한 목포. 그래서 굴뚝이 없는 목포. 일제 수탈의 한 단면이다.

근대역사관 1관은 목포 일제영사관이었다. 르네상스식 건축양식으로 지어진 내부로 들어서 2층으로 오르면 일본인이 사용했을 물품들과 목화의 솜과 씨앗을 분리하는 기계 면화 수탈의 조면기가 있다. 목포는 1흑(김) 3백(쌀·소금·면화)으로 유명한데 그때 사용했던 조면기·벽난로·재봉틀·냉장고·인력거 등이 전시되어 있었다.

토지 경영·부동산 담보대부 등의 사업으로 한국의 경제를 독점·착취하기 위한 '동양척식주식회사'는 일제의 한국 농민 수탈의 선봉이 된 곳. 근세 서양 건축양식으로 지어진 건물로, 일제 침략의 실증적 유적이다. 일제의 흔적을 간직한 사진들이 전시되어 있고 몇 겹의 철문, 두둑한 금고가 있었다. 조선인의 피와 땀과 재산을 빨대로 쏘옥 빨아버린 '동양척식주식회사'였던 역사관을 뒤로하면서 나도 내 자신을 시간 속으로 묻어둘 수 있을까. 자신에게 물어본다.

 땅이 비좁아 바다를 매립하여 이룬 도시 목포. 사방이 물인 동시에 물이 귀한 곳 목포. 한때 한 정치인과 관련하여 논란이 일었던 근대 역사 거리가 관광객이 급증하였다고 한다. '갑자옥모자점'을 지나 '창성장'의 붉은 건물을 뒤로하고 서산동 시화골목을 가기 위해 택시를 탔다.

 '고무줄 하나면 신났지' 흑백사진 속 시화골목 계단을 올랐다. 벽화와 시, 그 안 삶의 애환이 담긴 주민들의 꿈으로 새긴 언어들. 러시아 인형 마트료시카처럼 꺼내고 꺼내어도 새롭게 또 다른 삶의 애환이 나올 것 같은 보리마당 사람들. 비탈진 길 내려오다 잠깐 고개 들어 바라보는 목포 앞바다는 파랑이 파랑을 새기고 있었다.

시화골목

  목포 앞바다가 내려다보이는 보리마당 길 주민들의 글, 작가들 작품과 악수하면서 걷는 길 또한 혼자다. 돌담에 의지하고 동백꽃 휘늘어지게 핀 계단에 앉아 바람이 지나는 쪽으로 기울여 보는 생각들. 이 고요 속에서 한 사람이 지나간 다음 세계까지 풍경이 색채를 이룰 수 있는 곳이리라. 연희네 슈퍼 앞 영화 속 연두색 추억의 택시를 거기에 두고 시간 여행의 종착지 목포역으로 갔다. 여기에서부터 새로운 시작점이 되었으면 하는 마음을 안고 기차에 올랐다. 행복은 누구의 것도 아니지 않는가.

언제까지 떠돌아야 하나
- 목포 2

  삼학도에서 숙소까지 택시를 탔다. '청춘' 게스트하우스 박지현 사장과 호주에서 오셨다는 노부부가 웃음으로 반긴다. 오늘 이 숙소에 머무르는 사람은 세상 편안해 보이는 외국인 노부부와 나 셋이다. 대충 짐을 풀고 골목 투어를 하려는데 허기에 힘이 없다. 근처 식당은 없었다. 예쁜 지현 아가씨가 보온병에 작두콩 차와 카스텔라로 기쁨을 싸준다. 배고플 때 먹는 따뜻한 사랑과 정성 담긴 맛의 조합은 어떻게 표현이 안 된다.

  학창시절 동경했던 박화성 작가를 찾고 싶었다. 박화성 선생의 생가터 표지석을 물었고, 작품 「하수도 공사」를 배경으로 한 그 길을 물었다. 소설 배경 장소를 물어온 사람은 내가 처음이라는데, 그도 그럴 것이 젊은 친구들은 스마트 폰 검색이 유연하여 묻지 않아도 잘 찾아다니니까. 또한 작가와 그 작품에 관심이 있지 않은 이상 그냥 지나칠 수 있는 길이다. 나는 박화성 선생에게서 나의 무엇을 찾는 것일까.

'청춘' 게스트하우스 옆 계단은 '유달 예술타운' 오르는 길이고 앞길이 「하수도 공사」의 실제 배경이 된 곳이며 영화 「클래식」이 촬영된 옥단이의 길이다. 유달 예술타운을 오르는 계단 앞에 손예진을 훔쳐보는 조승우의 모습을 그대로 담벼락에 재현해 놓은 동상 모습. 나는 영화를 보지 못했지만 '첫사랑' 그 애틋함이 그려진 작품이라니 보고 싶은 마음이 솟구쳤다.

첫사랑! 생각만 해도 아직도 가슴이 울렁인다.
첫사랑! 나의 그 남자는 어디쯤에 머물러 있을까.

옥단이 길　　　　　　　　김우진 길

　벽화골목을 걷다 만난 '김우진 길'. "이광수류의 문학을 매장하라." 지붕 낮은 벽에 새겨진 글귀는 논문을 통해 계몽적 민주주의와 인도주의 허구성을 신랄하게 꼬집어 놓은 문장이다. 북교동 성당 벽 '봉건과 근대가 뒤얽힌 모순의 삶 그리고 세 형제 김우진, 김철진, 김익진의 아버지 김성규'. 조금 지나니 작고 아담한 성당이 있었다. 성당 내부는 들어갈 수 없었다. 북교동 성당은 김성규의 대저택 '성취원' 자리로 천주교 교구에 기증하였다고 한다.

　김우진하면 성악가 윤심덕과 현해탄에 몸을 던진 작가로 많이 기억된다. 그러나 가정과 사회의 인습에 의해 불행한 결말을 맞는 여성 혹은 예술가의 삶에 초점이 맞춰진 그의 희곡은 표현주의극의 요소를 도입하여 새로운 극 형식의 창출에 기여한 것으로 평가된다.

 성당에서 나와 '반딧불 작은 도서관'으로 가는 길 앞 작품집들과 사진 조형물, 도서관 안 잠깐 사진 한 장 찍고 나오니 담벼락 가득 희곡 「난파」의 1막에서 3막까지 그려져 있고, 한 줄 문장으로 김우진 선생의 작품들이 벽화에 소개되어 있었다. 그 길 따라 쭈욱 내려와 분식점 '쑥꿀레'. 목포의 맛 한 접시 꿀꺽꿀꺽 카스텔라로 채운 배라 무슨 맛인지 모르고 그냥 먹었다.

 노라노 미술관 건너 안 저잣거리 골목을 헤매다 보면 「부용산」의 주인공 박기동, 수필 문학의 선구자 김진섭, 문학평론의 선구자 김현, 한국 사실주의 연극의 완성 차범석, 백화의 박화성과 「전원일기」 벽화를 넘어 '세계의 예술가'들이 주르륵 열 지어 있었다. 이층집 담벼락에는 하늘이 내린 춤꾼 '이매방'을 알리는 듯 마른 생선이 조명등처럼 매달려 있었고.

 이쯤이면 되지 않을까 싶어 발을 멈추려는데, 머릿속에서 누군가 "아직 멀었어!" 소리를 지른다.

만인계터 지나 「목포의 눈물」 노래 가사와 벽화, 목포 시가지를 바라보았다. '목포의 설움, 목포의 노래, 목포의 사랑' 가사처럼 설움 많은 콩나물 동네 사잇길 내려와 철문 굳게 닫힌 '차범석 생가' 표지판을 읽고, 숙소 가는 길바닥의 문장들 피식, 웃음 한 조각 정겹게 다가오는 사투리들. '시방까정 여그서 뭐 하요, 공것이 어디 있간디, 오니라 욕봤소잉, 하루 점드락 놀잔께, 암시랑토 안 혀, 시방 간당께, 오메~우리 강아지 왔능가, 요리 뽀짝 와 봐야, 짠해서 우짜까잉, 으메~ 좋은 거'

'청춘' 게스트하우스 숙소 앞마당과 돌담으로 경계를 이룬 '유달 예술타운'. 어둠이 내리는 계단에 앉아 바라보는 목포 시가지. 몇 년 전 완주 송광사 입구에서 만난 글귀가 여기까지 따라와 다시 생각하게 하며 오늘의 나에게 묻고 있다. 살면서 만나고 헤어지는 인연들 사이 나는 어디쯤에 머물고 있을까? 내가 건너온 세월의 더께에 가장 나답게 삶을 살아가는 것은?

> 내가 의도적으로 멀리하지 않아도 스치고 떠날 사람은 자연히 멀어지게 되고 내가 아등바등 매달리지 않더라도 내 옆에 남을 사람은 무슨 일이 있더라도 알아서 내

옆에 남아준다 나를 존중하고 사랑해 주고 아껴주지 않는 사람에게 내 시간 내 마음 다 쏟고 상처받으면서 다시 오지 않을 꽃 같은 시간을 힘들게 보낼 필요는 없다

KBS 9시 뉴스 앵커였던 신은경 씨는 『내 나이가 나를 안아주었습니다』에서 "내 인생의 하프타임, 바로 지금이다."라고 했다. 나이 들수록 멋지게 살아가는 법, 우아하고 아름답게 나이 들어가는 것은 감사하는 마음을 갖는 것이라고 작가는 말한다. 감사하는 마음, 이것을 찾으려고 떠돈 것인가?

그럼 나의 하프타임도 지금일까? 가장 나답게 삶을 살아가는 것은? 아름답게 늙어가는 나만의 길은? 의문은 또 다른 의문을 남긴다.

쉼에 들다
- 오산

길 잃은 오늘 같은 날에는

오락가락 빗줄기 맞으며 산수유 마을로 가야 한다

포근함을 바라지는 않았지만 몹시 추웠다

멍울신 꽃마을 휘젓는 바람은 어떤 뜻이 있어서이리라

가랑가랑 고요를 적시며 중얼거리는 나뭇가지

육감적인 입술로 비명을 지르는 말문 터진 노랑

그리운 사람의 옷자락처럼 흔들리는

환각의 마을로 간다

그 마을에 가서 쉼을 찾으리라

조원재 작가의 『방구석 미술관』에서 나와 걸어야만

보이는 자연 속 발바닥 미술관을 찾아 물향기수목원으로 갔다. 시내버스 창밖은 온통 먹구름에 회색으로 도배된 도시였다. 잠시 후 도심을 벗어나 '물과 나무와 인간의 만남'을 주제로 물을 좋아하는 습지식물 가득한, 초록이 토요일을 이끌고 있었다.

'녹색 요정' 술 압생트에 중독된 빈센트 반 고흐는 말했다. "눈물을 통해 가슴으로 파고드는 색. 노란 높은 음에 도달하기 위해서 나를 좀 속일 필요가 있었다."
 노란색은 샛노랗게, 노란색이 아닌 세상도 노랗게 보이는 '황시증'과 '정신착란'에서 벗어나고자 고흐는 스스로 정신병원에 입원했다. 그리고 잠시 샛노란 화면에서 벗어나 생명의 기운으로 가득 차 보이는 절제된 균형으로 「붓꽃」을 그려냈다. 고흐는 섬을 그려낸 것이리.

"장님이 막 눈을 뜨게 되었을 때 바라볼 수 있는 장면을 그리고 싶다."라고 한 클로드 모네는 빛이 있어야 자연을 볼 수 있는, 즉 사물에 비친 빛을 보고 카메라처럼 모네 자신이 카메라가 되어 자연을 본 그대로 순수하게 표현한 「수련」을 그렸다.

나의 쉼은 어떻게 그릴 수 있을까.

 마스크 듬성듬성 바람이 시작되는 곳, 하얀 마거리트와 손잡은 노란 창포꽃 결 따라 출렁이는 거기, '수생식물원'. 연못 가득 수련 꽃망울이 어우러졌다. 햇볕이 없어 모네의 수련처럼 빛을 따라가지 못하지만 나름의 빛을 뽐내고 있는 화폭 속의 작품인지 현상된 사진 밖인지 모를 내 시선이 꽃가루처럼 부서진다.

 보이는 것과 보이지 않는 것 마음의 경계 사이가 선명하지 않아 나는 덮인 책처럼 한참을 앉아 있었다. 그렇게 '관상 조류원'에서 졸고 있는 닭과 오리가 보이는 창살 너머로 오전이 지나간다.

 시간은 듬성듬성 흘러갔다 흘러오는 관람객들 사이로 붓꽃은 고흐의 화폭에서 나와 수목원 액자로 펼쳐졌다. 초록과 보랏빛 어우러진 오월의 공기를 피부에 바르며 눈동자 휘둘러 도착한 습지생태원의 데크 사이 물 위에 떠 있는 나무 그림자들이 서로에게 물들고 있다.

나무 의자에 앉아 입에서 목으로 전달하는 연인들 바스러지듯 구르는 소리 통과하니, 산림 전시관은 '코로나 19'로 묵언 수행 중이다. 문틈으로 눈망울 드밀어 보다가 내 얼굴만 분홍의 이스라지 꽃가지 끝에 숨겨둔 채 미로원 옆 정자 어수선한 일가족 뒤로 수목원을 나온다.

 쉼의 풍경 속에서 나는 하나의 나뭇가지이리.

수련

암각화의 시간 속에 내려놓다
- 언양

반구대 암각화

보는 것들이 보는 곳으로 돌아오고 말하는 것들이 말하는 곳으로 돌아오는 새벽녘. 철로의 한끝에 서서 인간은 채워질 수 없는 존재라고 말하는 시몬 드 보부아르의 『모든 사람은 혼자다』를 배낭에 구겨 넣고 울산행 기차를 탔다.

언양읍 대곡리 반구대 암각화 유적을 보러 가는 길. 어제 내린 비로 촉촉한 나뭇잎 사이로 '울주 대곡리 반구대 암각화' 보라색 표지판이 길을 안내했다.

대곡천 따라 자박자박 걷다 보면 암벽에 새겨진 '울주 대곡리 연로 개수기' 아크릴 투명판 뒤에 많이 훼손되어 판독하기 어려운 글자들이 숨 쉬고 있었다. 황톳길 따라 곧게 뻗은 댓잎 바람에 바스락바스락 구부러진 생각들을 펴게 하고, 엉겅퀴 보라색 몸 흔들어 하얀 찔레꽃 눈빛 내 마음에 가만히 올려놓는다. 가끔씩 만나는 방문객 혹은 일가족과 눈인사하다 보면 뼈대 앙상한 벼락 맞은 검붉은 나무가 푸르름과 대비되어 왔다.

청동기시대부터 신라시대에 이르기까지 다양한 시대에 기록되었고 태화강 상류에 위치한 거북이가 넙

죽 엎드린 형상이므로 반구대라 했다 한다. 태화강 지류의 대곡천 변 깎아지른 절벽에 너비 약 8m, 높이 약 3m가량의 판판한 수직 암면에 새겨져 있는 암각화는 세계에서 가장 오래된 고래잡이를 표현한 암각화로 평가되고 있다. 암석들은 연고산 한 자락이 뻗어 내려와 기암괴석으로 절정을 이루고 있었다.

 오랜 시간 속에 서 있으니 나의 삶이 순간처럼 느껴져 좋다. 이번 생은 잠시 쉬었다 가는 시간!

 비 온 뒤 청량감과 주변의 한적함 사이로 삐쭉삐쭉 솟아난 잡풀 너머 암각화는 거리가 멀어 자세히 볼 수 없었다. 세 개의 망원경이 설치되어 있지만 망원경으로 봐도 잘 모르겠다. 시력이 좋지 않은 나는 마음으로 보아야 할듯하다. 카메라 렌즈를 끝까지 당겨보았다. 선명하지 않고 구분되지 않는 암각화가 새겨져 있는듯했다. 무성하게 자란 대곡천 주변 잡풀들 사이로 흐르는 물줄기 따라 잡념들 흘려보내고 영남알프스에 갔다.

 가지산 한 자락 차지하고 있는 비구니 수행 도량 '석

남사'가 나왔다. 돌담 휘돌아 가는 여승의 장삼 자락 한끝 부여잡고 머물고 싶은 고요가 왔다. 적멸궁에 매달린 물고기가 바람에 투명한 파동을 일으키는 대웅전 앞, 3층 석가 사리탑은 신라 현덕왕 16년에 도의 국사가 호국의 염원을 빌기 위하여 세운 15층 대탑이다. 임진왜란 때 손실된 것을 1973년에 3층탑으로 복원하고 스리랑카 사타티싸 스님이 부처님 진신사리를 모셔다가 석남사 3층 석가탑 안에 봉안한 것이라고 한다.

3층 석가 사리탑을 돌며 기도하는 불자의 등 너머 순백의 불두화에 석남사가 환하다. 비 온 뒤 솟아나는 잡초처럼 자꾸 고개를 내미는 상념들이 번식에 번식을 하는데, 3층 석가탑 안에 집어넣고 나는 얼마나 더 많은 불공을 올려야 마음에 쳐놓은 그물에서 벗어날 수 있을까.

청운교에서 바라보는 계곡 삼단 폭포 물소리가 모든 근심·걱정 끄집어내어 이곳에 헹구어 흘려보내고 가라 한다. 나는 너무 오랫동안 내 안에 갇혀 살았다. 불교에서 말하는 '겁'의 시간 속에서 한순간에 불과한 내 삶을 너무 악착같이 쥐려고 하지 않았을까.

내려놓으리라!
내려놓으리라!

연두에 낀 오월
- 화성 융건릉

 봄은 언제 깨어났다 떠났는지 모를, 꽃들은 어디서 시작되었다 사라졌는지 알 수 없는, 코로나 19에 닫힌 계절에서 서로의 안부를 묻는 일이 인정이리. 이쪽과 저쪽 건너갈 수 없어 막막한 거리에서 마스크로 가려진 표정을 읽을 수 없었던 것도 잠시, 조금은 풀어놓고 웃음을 그릴 수 있는 곳. 화성 융건릉의 연두에 젖어보았다.

 연두색 물감을 풀어 펼쳐진 참나무와 소나무 길 따라 몇 년 전에 읽었던 이덕일 작가의 『사도세자의 고백』 그 행간을 따라 걸었다. 영조와 사도세자 아니, 노론과

소론의 갈등이 버무려진 데에서 희생된 비운의 왕세자. 혜경궁 홍씨의 아버지 홍봉한이 영조에게 뒤주를 이용하라 귀띔했다 한다. 그리하여 사도세자는 뒤주에 갇힌 채 두려움의 그 여드레를 어떻게 견뎠을까.

수백 년 된 송림 하늘을 지붕 삼아 우뚝 선 기둥 아래 뒹굴고 있는 솔방울들. 듬성듬성 역사가 내게 던지는 질문을 주머니에 담으니, 어떤 말도 잡히지 않고 이해만 해주는 듯 바람은 끄덕끄덕 고개 흔들고 있었다.

융릉은 사도세자(장헌세자)와 헌경황후(혜경궁 홍씨) 합장릉이다. 사도세자 묘는 경기도 양주시 배봉산(서울시 동대문구) 기슭에 수은 묘로 있었으나 왕위에 오른 정조가 사도세자를 장헌세자로 추숭하고 난 뒤, 묘를 영우원으로 높였고, 묘지를 지금의 자리로 옮겨 현륭원에서 융릉으로 격상시켰다 한다.

홍살문을 지나 향로(左, 향과 축문을 들고 가는 길)와 어로(右, 왕이 걷는 길) 약간 높낮이로 정자각을 향해 넓은 박석이 열 지어 깔려 푸른 잔디와 대조를 이루고 있다. 또한 정자각이 능침의 가리개 역할을 하는데 융릉은 정자각과 능침이 일직선에 있지 않다. 뒤주에 갇혀 있었던 답답한 아버지 마음을 풀어주기 위한 아들의 배려일까. 능침 앞이 트여 있다.

건릉은 '임금을 독살하려는 시도를 넘어 국왕의 침실 지붕에까지 자객이 침투하는, 조선이 노론의 국가이지 국왕의 국가가 아니며, 노론의 나라이지 백성의 나라가 아니라는 제왕의 나라, 사도세자의 나라, 백성의 나라를 건설하고자 했던' 조선 22대 왕 정조와 효의왕후의 합장릉이다.

언제 흘렸을지 모를 얼굴을 곱게 주워 마음에 심는다. 진한 감정 씻어내며 건너온 시간을 벤치에 걸어놓는다. 하고 싶은 말을 발자국에 쓰고 지우는 산책길. 맑은 하늘이 초록 바람을 몰아와 유모차를 끌고 가는 젊은 부부의 손끝에 닿는다.

억울하게 죽어간 아버지의 넋을 위로하고자 했던, 새로운 조선을 꿈꾸었던 개혁 군주의 왕릉 입구 재실 뒷마당에 여물어 있는 수국에게 이렇게 왔으니 꽃필 때 또 오겠다고, 수국은 알았다고 꼭 다시 오라고 나를 받아줄 품은 언제든지 열려 있으니 오라고 환하게 웃는다.

 그래, 네 안에서, 네 곁에서 숨 쉬리!

월출산 차향에서 쉼표를 찍다
- 강진 1

 중국 작가 쑤쑤는 "올 것들은 오고 갈 것들은 가게 두어라. 매 순간을 소중하게 여기고 최대한 행복하기 위해 노력해야 한다."라고 『인생을 바르게 보는 법 놓아주는 법 내려놓는 법』에서 말한다.

 나의 소중한 순간들!

 강진다원 가는 길. 버스가 정차하는 곳을 묻지도 않고 무작정 무위사 입구에 내려 걸었다. 월출산 옥판봉과 경포대에 눈 맞추다 수레국화 보랏빛에 물들어 발걸음 멈추게 하지만, 내일 일을 걱정하고 어제 일을 후

회하느라 오늘을 흘려보내지 않기 위해 지금 이 순간을 소중하게 여기며 2차선 도로를 따라 터벅터벅 언덕길을 넘고 또 넘어섰다.

 월출산 한 자락 깔고 앉아 초록 위로 살포시 솟은 연두가 햇볕에 반짝이고, 바람에 흔들릴 때마다 투명해지는 녹찻잎들 발걸음에게 속삭인다. 멈추고 느껴보라 한다. 마음으로 차향을 마셔보라 한다. 딱지 다닥다닥 핀 마음의 상처들 차밭 사이에 던지고 자연에서 자기 자신을 발견해 보라 한다.

 지표면의 온도가 내려가면 자동으로 방상팬이 위쪽의 따뜻한 공기를 차밭으로 불어 녹차의 새순에 찬 공기가 머물지 못하도록 구조물이 설치되어 있다. 방상팬은 차밭 군데군데 설치되어 또 다른 풍경을 이루고 있었다.

 큰 일교차와 강한 햇볕을 막아주는 산과 맑은 안개 그리고 차밭 옆구리 댓잎 소리와 어우러져 최상의 조건을 만든 강진다원. 지나는 차량조차 보기 드문 도로변에 아담한 두 개의 데크 전망대에서 녹찻잎들만의 언어로 수런거리는 소리를 듣는다. 맑은 하늘이 우려낸 녹차 나무 열 지어 눈동자 찻잔을 만들고 넘칠 듯 말 듯 바람결에 출렁이는 녹차 향 잠시 마스크 벗고 들이키니 상쾌했다.

 화려하거나 소란스럽지 않지만, 자연이 주는 마음의 위로가 되는 그런 날이다. 예부터 차는 선(禪), 시와 통했다고 하니 여기에서 선이나 시란 차향 속을 여행하는 게 아닐까. 어둠이 깊어질 때까지 차향 속에 묻혀 있었다.

다산의 길에 서다
- 강진 2

다산초당 가는 길.

동쪽에서 서쪽으로 해가 옮겨가는 그 어디쯤 농어촌 버스는 45도에서 90도 사이의 구부러진 허리들을 가득 태우고 달렸다. 강진 오일장 날 보따리와 장바구니마다 사연 깊은 물건들이 덜컹거리는 버스에 삐죽삐죽 고개 내밀다 그만, 답답함을 이기지 못하고 풀어진 보따리에서 탈출한 물건들이 와르르 흩어졌다. 서로에게 무안하고, 통로에 물건 놓지 말라고 주의 주었던 기사에게 미안하기도 하였을 등 굽은 허리가 슬프다.

귤동마을 입구에서 내려 새롭게 꾸며진 우물을 지났

다. 그리고 박물관 주차장 건너 한옥으로 단장한 마을 회관을 찍는다. 대나무와 두충이 한데 잘 어우러진 다산회당 넘어 '정다산 유적' 안내판이 나왔다. 눈 마주칠 그림자조차 없는 산길 숲은 우거져 어둡고 푸드득거리며 산새만이 가끔씩 다녀갔다.

 나무에 새겨진 정호승 시인의 시「뿌리의 길」은 세월에 패이고 이끼로 얼룩진 상처만큼 머릿속에 엉킨다. 지상으로 뻗은 뿌리는 다산의 눈물이며 고뇌와 인고의 상징인 것 같아 밟고 가는 길이 아프면서 기쁘다. 이 길이 있었기에 『경세유표』를 비롯하여 500여 권의 저서를 남길 수 있었으니까.

 제자 윤종진 묘를 지나 돌계단 차곡차곡 오르면 정약용 유배지인, 노후로 붕괴되었던 것을 다산유적보존회에서 중건한 도리단층기와집이 반긴다. 다산초당을 중심으로 제자들의 숙소 서암과 선생이 거처하면서 집필한 동암을 지나면 흑산도에서 유배 중이던 둘째 형 약전이 그리울 때 찾았다는 천일각이 있다.

 암석에 다산이 직접 새겨 넣은 글자 '丁石'에 눈인사

한 후 초당 툇마루에 앉아 다산이 차를 달였다는 넓적한 돌 '다조'를 바라보았다. 다산이 반석 위에서 끓였던 차향이 지금까지 번져오는 듯 착각을 살짝 비켜 가서, 초당 옆 '문을 열고 연못 속에서 노니는 물고기를 바라보는 곳'인 관어재 현판과 '연지석가산' 연못을 지나, 동암 툇마루에서 황인경 작가의 소설 『목민심서』에 심취했던 한 시절은 지나갔지만 밤새가며 읽었던 기억이 되살아나 그렇게 한참 동안 멍하니 앉아 있었다.

한 무리의 웃음소리에 자리를 내주고 두 갈래길 왼쪽으로 백련사 오른쪽으로 천일각, '혜장 선사와 다산'을 이어주는 통로였다는 숲길을 혼자 걷기엔 조금 두려움이 앞서 백련사는 마음속에 접어두고 '하늘 끝 한 모퉁이'의 천일각 암자에서 바라보는 강진만은 발아래 유리처럼 펼쳐져 있었다.

다산초당　　　　　　　　　　　　　　하피첩

　다산박물관은 C-19로, 체온과 손 소독 후 직원은 친절하게 박물관을 소개했다. 만남, 생애, 환생, 흔적 등 테마별로 전시되어 있다는 관람 순서를 알려주며 특히 '하피첩'에 대해서는 울림 있게 설명했다. 호젓한 박물관에 들어선 나를 반기는 직원 표정이 참 예쁘다.

　내 발자국 소리만 전시실을 울린다. 다산 연표를 시작으로 다산의 가계도 그리고 유리벽 안에 다산 연보, 『마과회통』, 『목민심서』, 『여유당집』, 원래 네 첩이었으나 세 첩만 전해진다는 하피첩은 부인 홍씨가 시집올 때 가져온 치마를 보내와 그걸 잘라서 두 아들에게 훈계의 내용을 적어 엮은 것이라고 한다. 『정조대왕어필첩』, 『화성성역의궤』와 유형원의 『반계수록』 등 다산의 저술서와 조형물로 입체감 있게 전시실을 지키고 있었다.

 밖으로 나오니 푸른 잔디 '다산 정약용 말씀의 숲'은 다산의 명언을 각계각층 육필로 돌기둥에 새겨 조형화함으로써 색다른 야외공원 모습을 보여주고 있었다.

 정약용 호 다산은 茶(차)나무가 많다는 강진 귤동 뒷산 이름이며, 이곳에서 유배 생활을 하여 후세 사람이 붙여준 호라고 한다. 귤동마을 버스정류장. 구부러지는 노을빛 따라 구부러지는 신작로에 쪼그리고 앉아 농어촌버스를 기다렸다. 하염없이. 유배지에서 다산의 시간도 이러했으리라.

 유배되지 않은 이는 있을까. 누구나 이 지상으로 유배되지 않았을까. 나는 나의 유배지, 이 지구에서 무슨 자국을 남기고 있을까.

숨어 있는 유월을 찾아서
- 부여

"유월은 오월과 칠월 사이에 숨어 지내는데 사람들은 잘 모르고 그냥 지나간다."라는 이상국 시인의 시 「유월」에서처럼 숨어 지내는 유월을 찾아 백제의 찬란한 문화를 꽃피웠던 곳이자 백제 패망의 아픔을 지닌 사비시대의 역사와 문화 유적 그 줄기를 따라간다.

 유월의 파란 하늘 전깃줄에 맑은 현들이 소리를 내고 그 소리 끝에서 만나는 국립부여박물관 중앙 로비. 마침 상영 시간에 입장한 나는 천장에서 쏟아지는 빛을 차단하기 위한 스크린이 닫히면서 잔잔한 음악과 함께 빔 프로젝터 영상을 볼 수 있었다. 석조와 천정에서 화려하게 색의 잔치를 펼치는 백제금동대향로 미디어 쇼에서는 순간 이동을 하는 듯 백제로의 시간 여행을 했다.

제1전시실 '부여의 선사와 고대문화관'은 백제의 연대표를 시작으로 토기들이 제 모습을 뽐내고 있었다. 「겹아가리토기」에서 아가리는 어릴 적 많이 들었던 말이다. 아이들이 쫑알거리면 "아가리 닫아."였는데 토기의 입구인 아가리는 백제시대부터 전해지는 단어일까, 후세 역사가들이 붙인 이름일까.

제2전시실 '사비백제와 백제금동대향로'에서는 호랑이 모습을 해학적으로 표현한 「호자」가 어서 오라고 한다. 학원생들과 역사 탐방을 하였던 때다. 꽃병인 듯 물병인 듯 술병 아니면 곡물 담는 토기쯤으로 상상을 펼치는 아이들에게 남자용 변기 요강이라 하면 신기한 듯 다시 본다.

호자

　백제 문화의 정수라고 손꼽을 수 있는 걸작이라 한다. 국보 제287호「백제금동대향로」와의 눈 맞춤은 심장박동 소리조차 벽에 부딪혀 낮은 파동을 일으켰다. 견고하고 섬세하게 관람객들 발목을 잡을 수 있는 백제인의 정신세계와 예술적 역량이 함축되어 어둠 속에서 빛을 발하고 있었다.

　제3전시실 '백제의 불교문화'는 온화하고 세련된 백제 미술을 볼 수 있는 곳으로 불상과 석불, 연꽃무늬 수막새와 벽돌 등 다양하게 전시되어 있다. 제4전시실 '기증 유물실'을 나오니 야외 전시실은「당유인원기공비」와「보광사지 대보광선사비」를 비롯하여 비석과 비석 부재들이 군데군데 소나무와 푸른 잔디를 친구 삼아 노닐고 있었다.

 백제 왕실의 상징적인 불교 건축물이었다고 한 사찰은 소실되고 석탑만이 덩그러니 서 있는, 정림사지박물관 또한 보수 중이라 문밖에서 살짝 훔쳐보고 궁남지로 갔다.

 궁의 남쪽에 연못이 있어 붙여진 이름 궁남지. 연꽃은 아직 이르고 양귀비꽃이 대신 웃는다. 서동요의 주인공 선화공주와 무왕의 만남처럼 버들가지 한 가닥제 그림자 연못에 닿을 듯 닿지 않아 시름 중이다. 그곳에서 신동엽문학관의 김형수 관장과 김영진 시인의 만남은 얼마 만인가 반가움과 함께 포룡정 정자를 건너는 붉은 다리가 노을로 물들고 있었다.

 백제역사유적지구인 구도심과 테마파크로 만들어진 신도시가 갈리는 백마강이 경계를 가르는 다리를 건너면, 역사 지구보다 더 많은 사람들이 다녀간다는 백제문화단지는 국내 최초로 삼국시대 백제 왕궁을 재현한 곳으로 왕궁과 사찰 등 백제시대를 근거에 사실적으로 재현한 역사 문화 단지다.

 사비궁의 정전인 천정전은 왕의 즉위식, 신년 행사를 비롯한 외국 사신 접견 등을 하던 곳이라 하니 나는 오늘 무왕의 즉위식에 초대되었다는 행복감에 사로잡혀 빈 궁궐을 어슬렁거렸다. 동궁의 정전인 문사전과 외전인 연영전 회랑을 돌아 성왕의 명복을 빌기 위한 왕실의 사찰이며, 사찰 명칭을 알 수 없어 능산리에서 발굴된 '능사리사지'를 줄여 '능사'라 부른다는 5층 목탑은 사비 궁궐을 지그시 내려다보는 듯했다.

 능사를 외돌아 서궁의 외전인 인덕전과 정전인 무덕전를 나와 백제 한성 시기의 도읍 모습을 재현한 위례성을 오른다. 한성시대의 군사가 되어 토성 반 바퀴 순찰하고 내려오다 마주친 담장을 넘어온 붉은 앵두 주렁주렁. 에드몬드 수사 초대로 장충동 베네딕트 수도원 정원에서 따먹었던 그 새콤달콤한 입맛이 유혹을 했지만 눈으로 만족하며 지나쳤다.

 의자왕이 충신 성충과 흥수 말에 귀 기울였다면 백제 역사는 달라졌을까. 수도 방어를 위해 축조된 복합식 성곽, 부소산성 산책길을 걸었다. 부소산성 정비 복원을 위한 학술 발굴 조사가 한창이었다.

 산책길 바람이 듬성듬성 길을 터주고, 관광객의 소란이 몰려왔다 가는, 작은 몸 웅크리고 바라보는 다람쥐 눈망울에 삐걱거리는 마음 주고, 의자왕과 삼천궁녀의 전설 혹은 소설 속 낙화암이 나타났다.

 나당연합군의 공격으로 낙화암에서 백마강에 투신한 삼천궁녀를 추모하기 위해 험준한 바위 위에 세워진 정자 백화정 앞. 수학여행 때 친구들과 바위틈 비집고 폼 잡던 사진 속 여중생인 나와 만나 그때 그 자리 그 포즈로 혼자 셀카로 그 시절 나를 잠시 불러 세운다.

 모르고 지나간다는 유월을 찾아서 떠나온 부소산성에서 말랑말랑하였던 소녀 시절 나와 지금의 내가 함께 웃고 있다.

 유월! 너는 결코 지나치는 계절이 아니다.

산문과 시 사이에 바다가 있다
- 양양 1

 오이소박이를 담다가 헝클어진 마음을 바다에 풀어놓으면 오이소박이는 어디로 사라지고 붉은빛에 익어가는 바다만 내 안에 들어와 아삭거릴까. 세상의 바다에 풀어놓은 그 오이소박이를 찾아 동해, 양양으로 갔다.

 서로가 서로를 그리워하는 빨강과 하양이 어우러진 물치항 등대를 마주 보며 그리워할 수 있는 그 무엇 자체로 빛이 되는 그 어디쯤에서 나는 물질을 하고 있을까.

오색약수터

  설악산 주전골 가는 길.

  외설악 오색천 너럭바위 암반 세 군데 구멍에서 나오는 약수터 물맛이 특이하단다. 위쪽 약수는 철분 함량이 많고, 아래쪽 두 개의 약수는 탄산이 많이 포함되어 있다고 한다. 물맛이 궁금하였지만 마시고 싶은 생각이 없어 사진만 찍고 주전골로 스며들었다.

  잘 다듬어진 산길을 오르다 보면 군데군데 설치된 출렁다리를 건널 때마다 코로나 19로 만남은 흔들리고 막힌 경계가 울렁거려서일까. 맞잡지 못하는 손끝이

아지랑이처럼 일렁거린다.

 출렁이는 감정을 다리 쇠줄에 매달아 놓고 껑충 뛰었다. 충남 보령군 성주사지에서 보았던 무염국사(신라시대 때 고승)의 비명에 쓰인 오색석사(성국사), 보물 제497호인 오색리 3층 석탑과 마주한 본채 너머 기암절벽 초록 옷 살포시 뽐내는 풍광이 떠올랐다. 본채 마루에 잠시 앉아 식히는 땀방울에 튀는 일가족 웃음소리가 구겨진 내 웃음까지 펴줬다.

 골 깊은 계곡 양쪽으로 솟아 기암괴석과 출렁이는 설렘 안고 고개 들면 만경대, 고개 숙이면 선녀탕 그렇게 한낮을 힐끔거리다 보면 금강문. 소원을 말하고 통과하면 소원이 이루어진다는 전설을 뒤로한 채 용소폭포에 도착했다.

 해찰해야 나를 볼 수 있지 않을까.

 소에서 살던 1000년 묵은 암수 이무기 두 마리 중 수놈만 승천하고 준비가 덜 된 암놈은 용이 되지 못하여 비관하다 죽어 똬리를 튼 모습으로 바위와 폭포가 되었다는 안내판이 보였다.

1000년을 기다리고도 부족한 준비가 얼마였기에 승천하지 못하였을까. 잠깐 생각을 깊이 있게 다녀왔나 하는 궁금증 하나 물고 나에게 늘 멀기만 한 운문의 물길을 보고 싶어도 보여주지 않아 그냥 계곡물 속에 젖어들었다.

보여주지 않는 문장들. 내 안에서 울퉁불퉁했다. 아무 말이나 잡히는 대로 풀어놓으려고 물속에 들었지만 투명한 하늘만 아른거릴 뿐이었다. 잠시 목젖까지 왔던 단어마저 발가락 사이로 빠져버린 오색에서 뻥 뚫린 바람을 타고 낙산해수욕장까지 왔다.

모래사장 위로 군데군데 진을 치고 있는 텐트의 무리들 사이로 빠져나가는 표정들 줍다가 거품 걷어가는 물결의 끝으로 방파제를 끼고 돌아오는 어선 한 척이 있었다. 선장과 함께 펄럭이는 태극기는 바다를 다녀왔지만 어선은 바다가 그립고, 바다는 바다가 그리워서 바다로 돌아갈 것이다.

두 개의 마음이 아른거리는 나 또한 어느 것도 제대로 걷지 못하는, 운문과 산문에서 헤매고 있었다. 어선

이 바다가 그리워 바다로 가듯 입안 어디선가 가로막고 결핍되어 불안하게 절룩거리는 조각난 단어들. 시가 시로만 보이지 않는 글을 쓸 수 있는 그런 날로 돌아가길 바라는 마음 하나를 바다에 꽂는다.

  낙산사에서 상복마을까지 길게 뻗은 노을 그림자, 길어지는 그 뒤로 어둠이 뛰어오고 있었다. 바쁘게 걷는 걸음 사이로 옥수숫대 바스락거리며 아이들 둘째 고모인 이순 누님의 굽은 허리가 호미 끝으로 밤을 끌고 간다.

  머릿속 잡념의 뿌리 뽑아내고 등 구부려 호미 끝으로 옥수수 어린 순에 흙 북돋아 주듯 나의 언어도 이 밤을 이끌었으면 하는 날이다. 산문과 시 사이 저만치 등대 불빛만 밤새 반짝였다.

침묵의 마을에 든 여인
- 양양 2

"그 여자가 책 속으로 들어왔다. 그 여자는 떠돌이가 빈집으로, 버려진 정원으로 들어서듯 책의 페이지 속으로 들어왔다. 그녀의 발자국마다 잉크 맛이 솟아났다." 실비 제르맹의 소설 『프라하 거리에서 울고 다니는 여자』에서 그 여자는 책 속으로 들어갔지만 나는 멀리 설악산을 품은 상복마을로 들어왔다.

운무로 치장한 마을 어귀에서 맞는 아침의 찬 공기는 피부에 달라붙어 떨어지지 않고, 방금 모내기한 여린 색들 아른아른 떠 있는 지금 여기, 이곳은 어제로부터 더 먼 어제로부터 떠나온 나의 기록을 지우는 곳, 오늘만 기록하는 곳이다.

 나는 말을 잃어버린 사람처럼 딱딱한 침묵의 마을을 더듬거리며 걷는다. 걸음은 글쓰기의 절뚝거림이자 기다림인 동시 생각을 잠시 비우는 시간. 시야 가득 연푸른 풍경이 노트 낱장처럼 펄럭펄럭 날아든다.

 누군가를 그리워하다 그만 여물지 못한 채 발바닥에 서걱거리는 호두알이 되었다. 담장 너머 채마밭 일가족을 이루고 옥수수 울타리를 치는 초록에 나는 서성이는 그림자였고, 구불구불 골목마다 매여 있는 개들과 길고양이들 장작더미를 들추고 낮달맞이꽃 물들어가는 틈새, 텅 빈 마을회관 앞 외양간 끝없는 기다림의 눈망울 누렁소는 순간의 정물화였다. 그 너머 마을은 풍경화. 정물과 풍경 사이 불쑥 나온 길의 끝. 수령 깊은 당산나무에 매달려 있는 나뭇잎 깃털처럼 흔들리는 아래로 한 여인이 사물처럼 꼼짝 않고 앉아 있었다. 소설책 페이지를 넘기는 그 여자와 자연 속 페이지를 넘기고 있는 또 다른 한 여인이 촉각과 시각에서 잠시 흔들리고 있었다.

그 여인이 넘어온 시간이자 내가 잃어버린 시간 딛고 갈 수밖에 없는 생각에 몸과 마음의 끈이 흔들리다 도착한 할미소는 얄팍한 계곡이다. 구부러진 무릎을 펼치면 닿을 듯 물웅덩이 수면 위로 스며든 빛의 조각들이 흔들리고 있다. 산딸기 물러터진 깔끄막 기어오르다 보면 이곳엔 나를 받아주지 않는 길이 하나 있다. 마을과 연결된 산길로 가는 육군 모 부대의 사격장. 사이와 간격의 그 어디쯤에 서면 숲을 울리는 총성과 함께 길을 막는 군인의 근엄한 말투는 바람에 신발 끈 풀어진 듯 조각조각 흩어진다.

 산비탈 초록 열매 보랏빛으로 여물어가는 블루베리 밭에서 잡초와 뒹굴고 있는 그 여인. 불면의 밤을 지날 때마다 한 그루씩 잠을 기다리듯 심어낸 땅과 나무의 만남이 익어간다. 몸을 동그랗게 말고 깜깜한 밤을 견딘 무게가 주렁주렁 이야기를 엮으며 오는 여름을 하나씩 따 주머니 가득 채우고 있다. 생의 통로가 되어준 보라보라 이 열매들 빛날 때마다 그리웠던 옛사랑을 만난 듯 설렘 한가득한 웃는 모습이 아름답다.

 일상을 심어 노후의 희망이 된 여인의 삶을 읽다가

보듬지도 털어내지 못하는 시 쓰기에 얼마나 무력했던가, 아무것도 아닌 내 상처 포장하기 바빴던 시절이 거기에 있어 에코백 안 가득 내 감정 숨기고 말았다. 늘 무언가가 가로막아 결핍된, 불안하게 절룩거리는 단어들이 엉켜 모래처럼 빠져나가는 문장에 나는 자꾸 서성이는 사람이었다.

 잠시 생각 비우기를 해보려 하는데
 그러나
 비워지지 않는다.

블루베리밭 옆구리로 우거진 덤불을 헤쳐본다. 비탈진 흙더미 움켜쥔 모든 뿌리와 함께하는 틈으로 몇 가닥의 고사리가 싹을 틔우고 있었다. 생각을 꺾다가 몸에 선을 긋고 가는 찔레꽃 가시 아린 살갗을 달래기 위해 물맛 자랑하는 말미골 재 넘어 '복골샘디'로 향했다. 내일로 가는 오늘만 기록하는 곳으로.

슬픔의 밀물 위로 돋는 해
- 속초

"슬픈 자는 타인을 슬프게 한다. 자신은 물론 타인까지 행복하게 만들고 싶다면 내가 먼저 행복해져야 한다. 그리고 그 행복은 타인에게 의지하면 안 된다. 그들에게도 혼자 견뎌내고 감당해야 하는 외로움과 고독이 있다."라는 생텍쥐페리의 문장을 메모장 한 귀퉁이에서 오려냈다.

 내 슬픔과 외로움을 잘 견디고 감당하면서 살았는지 주변 사람들에게 의지한 적은 얼마이며 그들에게 어떤 무게로 짓눌렀는지 질문과 해답 없는 공허에 등짝을 쑤시듯 역마살이 시동을 건다.

눈동자 없는 길.

 불안을 안고 걷다 보면 가끔씩 마주하는 마스크 속에 숨겨진 미소가 보듬어 주고, 수평선에서 몰고 온 습기와 바람이 불안에 온기를 불어넣는 동해 바다는 심심한 나에게 불덩이를 안겨준다.

 해맞이 청동 조각공원이 있는 바다를 끌어와 소나무를 키우는 해안선 길. 갯바위 위에 슬픈 전설을 품고 있는 인어 청동 조각상이 있다. 갈매기 울음 몇 잎. 방파제 난간에 앉아 수평, 그 엇나간 십자가를 더듬는 작은 어선을 바라보다 왜 눈물이 났는지 모르겠다.

 30여 년 전 남편과 함께 온 여행에서 바라봤던 인어 청동 조각상은 그대로인데, 오늘 홀로 바라보고 있는 나에게 바다가 행복한지 묻는 것 같아서 대답할 수 없는 슬픔이 밀물처럼 눈물로 철썩거린다.

 속초해수욕장의 긴 백사장을 맨발로 걷는다. 모래 알갱이는 모래 알갱이대로 꿈틀거리는 시간들이다. 한 스푼씩 파도에 떠넘기면 거품 물며 달려드는 물결은 발자국을 지우고, 해무 위로 아른거리는 섬 '조도'와 함께 헝가리 작가 산도르 마라이의 소설 『섬』이 바다 위로 달려왔다. "삶, 그것이 뭔지 잘 모른다."라는 주인공 아슈케나시의 말이 귓속에서 윙윙거린다. "아직 한 번도 삶을 살아본 적 없다."라는 문장이 입안에서 모래알처럼 서걱거린다. 작가처럼 인생의 의미를 찾고자 떠나온 여행은 아니지만 왜 그 소설이 내 안에 몰려들었을까.

청호동 벽화골목 '아바이길'. 뜨거운 햇빛 들지 않는 그늘진 골목 옆구리에 고요를 느끼며 앉아 있었다. 고즈넉함이 싫어 주변을 어슬렁거리는 강아지에게 골목을 내주고 낚시꾼 웅성거리는 곳으로 향한다. 월척을 꿈꾸는 그 뒤로 남겨지는 것들 보따리 의자에 숨겨두고서.

이곳저곳 해찰 부리면서 도착한 '영금정 해돋이 정자' 위로 해가 기울고 있었다. 파도가 바위에 부딪치면 '거문고' 소리와 같다고 하여 불리게 된 영금정. 동명해교를 건너 정자에서 바라보는 정자 전망대를 받치고 있는 바위가 무거웠다.

여행에는 떠나는 순간과 목적지에 도착하는 시간이 있다. 계획된 시간에 도착하려고 수단과 방법을 가리지 않는 것과 그냥 발길 닿은 데로 계획된 시간 없이 도착하는 것이다. 여행은 그리 애쓰지 않아도 된다. 계획된 시간에 맞추려고 허둥대다 보면 정작 볼 수 있는 것들을 놓치고 만다. 여유를 갖고 타박타박 목적지에 도착하지 못하면 다시 가면 된다. 그래서 나는 '해찰하다'란 단어를 좋아한다. 이로 인해 유년 시절엔 집중 못 한다고 야단맞기 일쑤였지만 그래도 해찰하고 싶다. 해찰하는 곳에 나의 시가 있으므로.

머릿속 헝클어진 생각들이
아바이 마을에 엉키는 오후
종적 감춘 한 사람 뒤따라 도착한 골목은
안과 밖 구별할 수 없는데

낮은 비행을 하는 새의 몸짓으로
하루를 왕복하고 밤을 리필해서 써도
담장의 척도 풀리지 않는
실향의 애달픔
굽어진 길만 바게트처럼 푸석거리다

능소화 넝쿨로 또 칠월이 오네

바람의 혀로 붉은 몸 부풀린 꽃들은
돌담과 흙벽을 팽팽하게 당겨보지만
골목은 좁혀지지 않는 길의 끝이자 시작

새의 몸짓으로
비틀고 파닥거려도 제자리인 깃털 같은
저 능소화, 언제 목 꺾일지 모를
지상에서 배운 바람결 따라 아등바등해도
마지막은 통꽃, 뚝 뚝

보따리 의자

쉼, 해설픈 풍경 속
- 옥천 1

 혼자 하는 여행은 기억으로 머물지만 친구랑 함께 가는 여행은 추억으로 남는다. 늘 혼자였던 방랑이자 방황 길에 가끔은 기억에 남기도 하는 여행지도 있지만 기억에 없는 여행지도 많다. 그러나 오늘은 혼자가 아닌 친구 순미와 함께하는 길. 오래도록 깨물어도 아니 깨물수록 고소하고 달콤한 추억을 요리하러 간다.

 1917년 군청이 경부선 철도가 통과하는 옥천읍 삼양리로 이전하면서 조선시대 옥천군 관아가 있던 옛 시가지는 구읍이 됐다. 옥천은 삼국시대 고시산군, 통일신라 경덕왕 때 상주 관성군, 고려 충선왕 때 옥주, 조선 태종 때 옥천으로 명명되어 오늘에 이르게 되었다.

 충청북도 기념물 123호로 지정된 육영수 생가는 그가 태어나서 결혼 전까지 살았던 곳이다. 대문을 들어서자 정면 5칸의 사랑채가 보였다. 툇마루를 배경으로 환하게 열린 3칸 대청과 문창살에 갇힌 2칸의 온돌, 사랑채와 마주한 아담한 돌담 아래 비에 젖은 맨드라미가 여름을 식히고 있었다.

 안채 지붕에서 쏟아내고 있는 낙숫물 소리에 내면 휴식의 시간인 잠깐 멍 때리기를 했다. 텅 비어 있을 뒤주 안에 우리 우정 가득 채워놓고 연자방아는 서로의 눈빛으로 마음 방아 찧으며 나왔다.

 지난달에 다녀온 제주향교와는 또 다른 모습의 옥천향교였다. 명륜당 들어서니 푸른 잔디 위로 내삼문이 세 곳의 계단에 각각 나뉘어져 있다. 서무와 대성전과 동무의 모습이 궁금하여 담장 너머로 고개 내밀어도 보이지 않는다. 비에 젖어 반짝이는 거미줄에 걸린 머리카락만 한 가닥 심어두고 돌아섰다.

사마소란 16세기 초 훈구파들의 유향소 장악에 대한 반발로 사마시 출신 젊은 유림들이 향권을 주도하기 위해 세운 학문·교육기관으로 옥주사마소(옥천), 청안사마소(괴산), 경주사마소(경주) 세 곳만 남아 있다고 한다. 앞면 5칸·옆면 2칸에 넓은 툇마루에 맞배지붕을 뚫고 유림들의 논쟁이 펼쳐지고 있는 조선 후기의 시간 속으로 잠시 들어갔다.

 교동저수지는 가을보다 낙엽이 먼저 나와 데크 길을 수놓고 있었다. 수령 깊은 벚나무 가지들은 저수지를 향해 몸 구부리고 멀리 산등성이를 넘는 구름 옷 벗을 듯 가랑가랑, 우리들의 발걸음도 말랑말랑, 나뭇가지 수런수런, 교동저수지 둘레 길은 매일매일 사람들이 계절을 읽고 쓰며 지나갈 것이다. 우리의 오늘처럼.

 걷던 길 잠시 멈추고 들어간 카페 '모해'는 이국적인 장식품으로 실내를 꾸미고 있었다. 유리창에 캘리그래피로 테이핑을 해놓은 "참 좋은 당신을 만나 오늘도 행복합니다."를 인용해 "참 좋은 친구와 옥천여행 지금 행복입니다." 서로 주거니 받거니 카페를 나왔다.

교동생태습지는 정지용 시 「호수」를 연상케 하는 보일 듯 말 듯 수풀에 우거져 있었다. 조형물을 지나 지용문학공원에 올랐다. 구름은 지나가는 중 투명하지 않지만 비 갠 하늘 풀잎에 맺힌 물방울 발목을 간질이며 한적한 공원의 오후가 천천히 익어간다.

잔디마당 지나 이팝나무 산책로 에돌아 타일 위에 그려진 '시인의 가벽'에서 시인의 일대기를 읽었다. 산책로 따라 걷다 만난 조지훈 「승무」와 악수하고, 윤동주의 「서시」를 지나, 김소월의 「엄마야 누나야」를 거쳐 정지용의 「고향」이 있었다.

소소하게 만나는 13개 시비의 문을 열고 들어가 두리번거리며, 그 속에 무엇을 담아 올까 하다 시어가 쉽게 다가오지 않아 시 한 편 아니, 시 한 줄도 쓰지 못하고 있는 요즘의 나를 만난다.

카페 모해

부소담악에 들다
- 옥천 2

옥천성당

일요일의 옥천성당은 미사시간 맞춰 총총걸음 부산하다. 시국이 시국인지라 외부인은 미사를 함께 할 수 없어 순미는 '십자가의 길'을 따라 기도를 했다. 오랜 냉담 중인 나는 성당 건축물과 주변을 어슬렁거렸다.

옥천성당은 1903년 공주 본당인 공세리 성당 신부에 의해 옥천 공소를 시작으로 1906년 공소에서 옥천 본당으로 승격된 100년이 넘는 역사를 가진 성당이다. 성당 건물은 3번째까지 한옥이었으며, 1955년 현재의 건물을 건축하였고, 1956년에 확장 증축하여 현재의 서양식 건물은 4번째라고 한다.

종탑의 종은 1955년 프랑스에서 세 개의 종이 들어온 것으로 명동성당, 인천 갑동성당, 옥천성당에 있었는데, 현재는 옥천성당에만 남아 많이 노후화되었다.

장계관광지의 짙푸른 초록이 온통 여름을 물들이고 대청호반을 가득 채운 일곱 걸음 문학 산책로의 시작점을 걸었다. 겹겹이 쌓여 있는 10권의 하얀 책 조형물을 지나 대청호를 바라보며, 순미는 사부작사부작 수국꽃과 나란히 발맞춰 가며 개미 행렬을 따라간다.

나는 온몸으로 나의 시에 꽃물 들이며 그 뒤를 따랐다.

 호숫물 끌어당겨 바닥에 깔아둔 연두와 화강암에 새겨진 문정희 시인의「돌아가는 길」을 시작으로 시인들의 시를 환하게 낭송하라는 노랑의 스탠드 조형물이 잿빛 하늘에 어우러진 포토존이 있다. '부소무니 마을의 물 위에 떠 있는 산'의 뜻을 지닌 호수 위에 떠 있는 병풍바위 부소담악이 눈에 들어왔다.

 마을 앞 서화천가에 병풍처럼 서 있던 암릉이 지금은 꼭대기만 나와 있어 모습을 알 수 없다. 1980년 대청호 담수로 부소리가 수몰되고 주민들이 추동으로 이사 후 추소리 암봉 꼭대기에 추소정을 지었다. 추소정 가는 데크 길은 호수와 가파른 산을 깎아 부소담악과 함께 떠 있는듯하다.

 내 오른발이 앞서가면 왼발이 물러서고 왼발이 앞으로 나서면 오른발이 뒤로 빠지던 많은 날들. 오늘은 친구의 오른팔이 앞으로 나오면 나의 왼팔이 양보하고 나의 왼팔이 나오면 친구의 오른팔이 양보하면서 모기떼의 끝없는 구애로 헌혈 하면서 걸었다. 온 힘을 다해 쏟아내는 고음의 매미 소리는 몇 데시벨이나 될까 서로 궁금해하며 데크로 치장한 산길을 올랐다.

 절경이 마치 금강산을 축소해 놓은 것 같다 하여 우암 송시열 선생이 소금강이라 이름 지어 노래했다는 부소담악. 본래 산이었지만 대청댐이 준공되면서 산 일부가 물에 잠겨 마치 물 위에 바위가 떠 있는 형상으로 남았다. 2008년 국토해양부 선정 한국을 대표할 만한 아름다운 하천 백 곳에 선정되었다는 팸플릿 설명이지만 추소정 아래 데크 전망대에선 일부만 보였다.

 현대인은 바쁘다. 그래서 완벽한 휴식은 없다고, 순수한 휴식은 세상 어디에도 존재하지 않는다고 지금 쉬면 될 뿐이라고 우지현 작가는 에세이 『풍덩!』에서 말한디. 말 그내로 시간을 정해서 쉬는 휴식은 휴식이 아닐 수 있다. 잠시 풍광을 넋 놓고 바라보는 것도 휴식이고 쉼이다.

 물 위에 떠 있는 부소담악 풍경을 그리듯 잠시 쉬어 오후를 털어냈다.

무진, 보이지 않는 도시
- 순천

쿠바에서 태어나 이탈리아에서 자란 이탈로 칼비노는 도시에서 찾아내고 싶었던 이미지와 특성들을 마르코 폴로와 쿠빌라이 칸의 대화 속에만 존재하는 『보이지 않는 도시들』에 담았다.

세속적인 삶과 현실을 벗어나려는 고립된 개인의 복잡한 심리를 가상의 도시로 설정한 『무진기행』의 김승옥은 오사카에서 태어나 순천에서 자랐다.

비슷비슷한 출생과 성장, 그리고 작품까지 보이지 않는 도시와 안개 도시를 그려낸 두 작가의 우연을 끌어

내 본다.

"형상이나 형식이 없는 도시를 머릿속에 간직하게 된다."라는 시공간 속의 보이지 않는 도시, "안개로 인해 보이지 않는 먼 곳으로 유배당해 버리고 없었다."라는 안개 속 보이지 않는 도시, 그곳.

 철로 위로 화요일이 달린다. 화요일은 안개로 광활하다. 철로가 안개를 거둬들일 때쯤 순천역 바람은 선선했고 햇볕은 따가웠다. 캐리어 바퀴 소리가 달그락거렸다. 한낮을 힐끔거리다 낙안읍성 군내버스를 탔다.

 낙안읍성은 삼일절 독립기념탑 뒤로 2022년 세계문화유산 등재 기원 장승과 솟대들이 열 지어 반기는 화요일이 성벽을 넘는다.

 동문인 옹성과 치성으로 어우러진 낙풍루에 들어서니 확 트인 길 담쟁이넝쿨 따라 '오태석 명창 생가', 붉은 앵두 치렁치렁 가야금 소리로 익어간다. 맛보라는 듯 장독대에 펼쳐진 오디가 검붉었다. 오디 대신 어린 소녀의 가야금 선율에 걸린 내 귀는 툇마루에 걸터앉았다.

객사를 지나니 낙민루가 고혹적이었다. 남원 광한루, 순천 연자루는 조선시대 호남의 대표 누각이다. 6.25 전쟁 때 소실되어 지금은 복원된 보습으로 단청이 주변의 모든 색을 물들이는 듯했다. 동헌과 내아를 지나 낙민관 자료전시실에 낙안읍성 역사이자 선조들이 살아온 유물유적은 유리관에 전시되어 있었다.

 서문(낙추문)은 아직 복원되지 않아 누각이 없었다. 돌계단 타박타박 성벽 오르니 고요가 소요를 부르지만 오후를 끌고 가는 성벽 길에 바람만 질척거렸다. 발아래 펼쳐진 송이버섯처럼 엮인 초가지붕 구름의 말들을 엿듣는 듯 그대로 다정이다. 사이사이로 삐쭉거리는 붉은 석류꽃은 유리컵에 매달린 투명한 물방울같아 살짝 튕겨본다.

 남문(쌍청루)에서 살포시 뒷길로 새면 각양각색 도자기들 부재중인 주인 대신 처마 아래 흙벽이 층층이 버티고 있었다. 곡선에서 직선으로 구부러진 마음 펴듯 마을 고샅길 걷다 보면 불쑥불쑥 나타나는 담장 너머 천연염색 빨래가 줄에서 줄다리기하고, 고을 수령이 마셨다는 우물(큰 샘)물을 마시면 성품이 착해져 미인이 된다는 전설을 뒤로하고 「대장금」 촬영장 사진 속 장금이와 함께 내 미소 한 줌 고샅*에 꽂아본다.

 고창읍성, 해미읍성과 더불어 조선시대 3대 읍성인 낙안읍성은 조선시대부터 600여 년의 역사를 간직한 조선시대의 계획도시답게 깔끔하게 정돈된 민속마을이었다. 조상들의 숨결이 느껴지는 곳을 나와 성벽 아래 잡풀 끼고 걸었다.

 순천만국가정원은 약 34만 평이 되는 세계 정원이며 테마정원이다. "여행자는 자신이 갖지 못했고 앞으로도 가질 수 없는 수많은 것들을 발견함으로써 자기가 가지고 있는 것이 얼마 되지 않는다는 것을 인식하게 됩니다." 칼비노의 말을 되새기게 했다.

 출출한 내 눈이 꽃길을 향한다. 꽃과 나무의 색들이 내 눈의 곳간에 차곡차곡 쌓인다. 나라마다 제 모습을 뽐내고 있는 정원들을 한 발 한 발 걷는 길마다 햇빛 가루에 반짝인다.

---

* 초가집의 지붕을 일 때 쓰는 새끼.

영국의 찰스 젱스가 디자인한 호수정원 봉화 언덕에 앉아 바라보는 정원 풍광은 그대로 시가 되고 그림이 되고 소설이 되는듯했다.

물 위에 떠 있는 미술관 꿈의 다리 건너 드라마 촬영장에는 금계국 아글타글* 살았던 나를 나무라듯 노랗게 부서진다. 60·70년대 달동네의 고달팠던 삶이 묻은 녹슨 드럼통이 생각을 끌고 간다.

영원을 약속해 보라는 언약의 집 의자에 앉아 있으려니 별똥별이 떠오른다. 찰나의 영원이며 눈 깜짝할 사이에 사라지는 한순간의 빛과 영원의 상관관계에서 보면 잃거나 잃을 수 있는 그 무엇도 없는 풋사랑과 별똥별도 그런 것이리.

구멍가게에서 산 추억의 꽈배기와 핫도그를 아작거리며 막힌 감정의 출구를 나왔다.

---

* 무엇을 이루려고 몹시 애쓰거나 기를 쓰고 달라붙는 모양.

배론성지에서 토굴 속
아픔을 마주하다 - 제천

 누가 아픔과 슬픔을 만들어 냈는가. 사라진 이들의 마음이 아직 남아 있는 청풍호는 들끓는 뜨거움으로 거기에 햇살을 얹고 있다. 청풍호는 수몰지구다. 삶의 터전을 잃은 수몰민들 가슴 밑바닥에 박혀 피멍이 만들이 낸 호수는 구름과 노닐고 이쪽과 저쪽을 외줄에 매달려 가는 케이블카의 하두자, 김희경 시인과 유영임 샘. 우리들의 웃음소리가 호수에 풍덩, 물그림자를 만든다. 우리들은 수몰된 시간과 한 삶의 터전에서 웃음 방울을 건져 올리고 있었다.

 청풍문화재단지는 충북도청에서 1983년부터 3년간

수몰 지역의 문화재를 원형대로 현재 위치에 이전, 복원해 단지를 조성했다고 한다. 단지에는 향교, 관아, 민가, 석물군 등 43점의 문화재를 옮겨놓았는데 민가 4채 안에는 생활 유품 1,600여 점이 전시되어 있었다.

 참깨 향기로 버무려진 ES리조트의 밤은 오이 맛이 난다. 희경 시인이 우르르 쏟아놓은 참깨와 오이는 서로가 서로를 쓰다듬고 있었다. 여름밤을 알코올로 적셔본다. 칠월의 끝자락이 초롱초롱 별들과 익어가고 있다. 영임 샘의 선물인 머그잔에 아침 청평호수를 담았다. 빵과 커피가 어우러진 호수는 맛깔나게 차려진 풍경 한 상이었다.

 신라시대 의상대사의 지팡이가 날아가 꽂힌 데에 절을 세운 것으로 제자 '정원'이 부처의 법문을 널리 펼치고자 하는 물음에 대한 답이었다는 설화를 지닌 금수산 자락 천년고찰 정방사. 자드락길 자박자박 걸어본다. 청풍호가 내려다보이는 정방사의 차가운 공기는 투명하였지만 아침 산사의 정적이 주는 묘한 공기는 그 무엇으로도 표현이 안 된다.

천주교 박해를 피해 신자들이 숨어들어 와 화전과 옹기를 구워서 생계를 유지하며 신앙을 키워나간 교우촌 배론성지다. '배론'은 마을 계곡이 '배 밑창을 닮았다'는 데서 유래된 곳이라 한다.

 황사영 부인 정명련(난주는 제주도 관노가 되었을 때 부른 이름)과 아들 경한이 이별한 추자도 '눈물의 십자가'와 배론성지 '황사영백서 토굴'이 겹쳐진다. 작년 여름 추자도 황경한 묘지 앞에서 바람처럼 스쳐 가는 성지순례자들을 바라보았던 어제의 오늘 같다.

 하나의 아픔은 또 다른 아픔을 낳는다. 그리고 그 아픔은 바이러스처럼 번지지 않을까? 치료되지 않은 아픔으로 인해 전염되는 아픔을 생각해 본다.

 오늘은 토굴 속에 앉아 실물 크기의 복사본 백서를 바라보며(백서 원문은 현재 로마교황청 민속박물관에 보관되어 있다), 8개월간의 토굴 생활 속 황사영과 종교의 힘이 주는 인간 의지와 냉담 중인 나와 마주한다. 믿음과 의지 사이에서 아직도 방황하는 나를 또 그렇게 접어 두고 나온 토굴 밖은 환하다.

토굴 앞에는 1855년 프랑스인 선교사 메스트로 신부가 세운 한국 최초 서양식 신학교이자 가톨릭계 신학대학의 시작이기도 한 한옥이 재현되어 있었다.

푸르름과 어우러진 최양업 신부 조각공원 옆구리를 끼고 담소하는 두 시인의 모습은 한 편의 시로 남겨두고 성지를 나오면서 나의 아픔이 또 다른 누군가의 아픔으로 전염되지는 않았을까, 나를 되돌아보게 한다.

토굴 안 백서

도착하지 않는 곳으로 가는
아름다운 동행 - 춘천

 마음이 탁구공처럼 알 수 없는 곳으로 튀었다가 다시 기진맥진해 제자리로 돌아오는 날입니다. '한우리 독서지도 봉사단' 샘들과 엠티 가는 날, 경남 총무가 준비한 봄 빛깔 호박떡과 여름 빛깔 쑥떡이 샘들의 설렘과 어우러져 웃음소리로 번지는 아침입니다. 가끔씩 얼굴을 마주하는 혹은 오랜만에 불러보는 샘들의 이름이 기사의 부드러운 운전으로 매끄럽게 도심을 빠져나와 차창 밖 녹음으로 번집니다.

 '쁘띠프랑스' 입장료 1만 원에 임대한 몇 시간의 여유로 즐길 수 있는 한국 안 작은 프랑스 문화마을입니다. 먼저 생투앙 벼룩시장을 모티브로 만들어진 벼룩시장 골동품들이 길바닥 한자리를 차지하고 있네요.

 바닥은 깊고, 길 건너온 골동품들의 품위를 유지하기엔 이미 버려진 거라 생각했는지 아무렇게나 널브러져 있습니다. 눈길 한번 받지 못한 채 넘어가는 하루해는 길고 아득하겠지만 그 자리를 굳건히 지키고 있는 의연함이 골동품의 품위겠지요. 고단하게 여행객들 잡아당기는 눈길이 왠지 처연해 보입니다.

 유럽 숨결이 느껴지는 '쁘띠프랑스'에서 불시착한 어린왕자를 만나 동심을 소환하여 추억을 그리는 즐거운 모습 아름답습니다. 노란 금계국과 붉은 넝쿨 장미 풍경이 배경을 더 빛나게 하는 오솔길 따라 만난 하트 전망대에 웃음꽃들을 렌즈에 담아봅니다. 봉주르 산책길 따라 걷다 보면 그 끝에서 청평호수가 막힌 가슴을 뚫어주네요.

 언제나 잠깐 머문 자리는 아쉬움이 남습니다. 사진 찍다가 생텍쥐페리 박물관을 못 보고 왔네요. "여기에 보이는 건 껍데기에 지나지 않아. 그것은 마음으로 보아야만 볼 수 있어. 가장 중요한 것은 눈에 보이지 않는단다."라는 어린왕자의 말을 새깁니다. 그래, 모든 사물들은 사람의 마음. 존재하는 것과 존재하지 않는 것들 어린왕자가 말한 껍데기인데 그걸 아쉬워하다니, 오늘은 가슴으로 느끼고 다음에 다시 오라는 이 또한 내 생애 질서의 한 부분일 뿐이야. 봉사단원 샘들 마음속 어린왕자를 다시 만나니 어떠하였을지….

 가평나루로입니다. 나미 나라 상상공화국으로 들어가는 뱃길 위로 짚와이어가 허공을 날고 있었습니다. 순간 이동 그 짜릿한 맛은 렌즈에만 담고 메타세쿼이아 길 따라 각 봉사단 샘들은 여기저기 남이섬을 탐색하는 자유시간입니다.

 나 또한 이곳저곳 카메라 렌즈를 펼치고 사람들이 보이지 않는 깊숙한 풍경 속으로 스며들어 악보를 그려냅니다. 오선지 없는 음표는 나무에도 걸리고 호수에도 앉고 연꽃 위에서 춤을 춥니다.

 강줄기 따라 걷는 산책길에서 청설모가 폴짝폴짝 어서 오라며 길을 막습니다. 작은 틈 사이로 다람쥐 꼬리

흔들며 반기네요. 발맞춰 걷는 샘들의 표정이 초록과 조화를 이루는 옆길 핀 금계국보다 더 화사합니다. 연분홍 봉우리 연꽃 사이로 반영된 하늘 구름 한 폭의 수채화입니다. 자작나무와 하얀 철길 따라 걷다 만난 수염 틸란드시아에 늘어진 그 아래 유니세프 나눔 열차가 지나가는 밤입니다.

 독서 봉사, 재능 나눔, 아름다운 마음 모아 숙소 다알리아에 우리들은 모였습니다. 박선희 대표를 중심으로 각 봉사처마다 자기소개와 한마디씩 건네는 아이들과의 만남이 어우러져 여름밤이 익어갔습니다. 모두들 어쩜 그렇게 예쁜 마음만큼이나 겸손하게 아름다운 말도 잘하는지요.

 김유정 문학 길에서 문화 해설사는 김유정의 생애와 작품 세계를 설명하고 '실레 이야기' 길을 걸어봅니다. '봄봄 길', '동백꽃 길', '산골나그네 길', '만무방 길', '금 따는 콩밭 길'. 소설 제목 따라 길을 다 걸어보지는 못했지만 해설사의 진지하고 열정적인 설명에 우리는 잠시 소설 속 주인공이 되어봅니다.
 한낮의 햇볕이 파닥거리며 정수리에 부풀어 올라 타

고 있습니다. 밭두렁 풀섶 헤치고 나니 소설 속 점순이가 천방지축 뛰어다녔던 고샅 잠시 고요를 가로챈 바람이 지나갑니다. 그러나 익을 대로 익은 태양열에 시원하지는 않습니다.

 우리들은 'THE WAY' 카페에 모였습니다. 커피와 조각 케이크는 어쩌다 뜨거운 여름이 입안 가득 번지다 시원하게 녹는 맛입니다. 누구나 편히 쉬었다 갈 수 있는 카페 창밖으로 생강나무 노란 꽃 휘늘어지게 피었다 지면 보라 감자꽃 밭두렁을 감싸안듯 야생화 지천으로 무리 지어 유혹하는 자리에 앉아서 듣습니다. 전 김유정 문학촌장이셨던 전상국 강원대학 명예 교수와 함께하는 김유정의 일대기와 작품론을 귀 기울여 듣습니다. 김유정의 작품이 지금까지 사랑받고 있는 것은 해학성과 향토성에다 덧붙인 속어와 방언으로 생동감 넘치는 표현이라 합니다. 그리고 가난하고 무식한 사람들의 일상을 꾸밈없이 그려냈기 때문이란 말씀에 공감이 갔습니다.

 도착하지 않은 곳으로 언제나 아이들과 출발하는 봉사단 샘들의 아름다운 마음과 함께한 시간 속에서 봉사 활동이란 내 자신의 마음을 치유하기 위한 것이 아닐까. 엉겅퀴 듬성듬성 실레마을 휘감으며 김유정의 작품 속 인물들이 가시처럼 불쑥불쑥 찔러대는 여름의 계단을 밟고 들어선 내가 있습니다. 『봄봄』 인물들은 나와 먼 여행 떠난 엄마의 세상과 별반 다르지 않을 것입니다.

김유정 문학관 앞

혼자라서 향기로운 시간
- 여수

마르셀 프루스트의 『잃어버린 시간을 찾아서』를 읽다 내가 잃어버린 시간을 찾아 여수행 KTX를 탔다. 내가 잃어버린 시간을 찾아가는 길에 또 다른 시간이 나를 기다리고 있겠지. 여수에는 어떤 시간이 있을까.

삶의 행복은 어디서부터일까? 진홍빛 햇살이 달리는 차창으로 비치는, 분홍색으로 빛나고 있는 내 얼굴과 대책 없이 투명한 하늘을 보는 지금 이 순간에서 찾아야 할까. 침묵하고 있는 낯선 표정들을 읽으며 그 침묵이 의미하는 무언가를 찾고 혼자서 미소 짓는, 그런 순간순간의 행복이 좋아 배낭을 꾸리는 게 아닐까.

구월의 작열하는 태양과 맞서 여수엑스포역에서 내렸다. 초가을 정류장에 앉아 오지 않는 돌산대교 건너 숙소행 버스를 하염없이 기다렸다. 성수기엔 사람이 많아서 기다리고 비수기엔 사람이 없어서 기다려야 하는 시내버스다. 여름과 가을 사이에 낀 나의 여수, 시작부터 삐걱거렸다.

 두 번의 환승 끝에 허기진 배를 달래려고 숙소 앞 돌산 연이네 식당에 들렀다. 그런데 일인 식사는 안 된단다. 혼자 온 여행자는 밥을 먹을 수 없는 인심에 야박함이 느껴진다. 그럴 수도 있겠지, 생각하며 내 자신을 달랜다. 혼자라서 안 된다는, 혼자이기에 식당 밥도 먹을 수 없다는데, 그럼 굶지 뭐, 라고 포기하니 배고픈 마음이 일시에 사라지는 듯했다. '아름다운 여수', 자연이 주는 그 슬로건처럼 친절도 아름다우면 더욱 아름다운 여수로 거듭날 텐데, 하는 아쉬움 반 안타까움 반을 뒤로하고 다른 여수를 찾아 걸었다.

 돌산공원에 가기 위해 가는 중간에 버스에 올라타리라 생각하며 걷는데 버스는 올 생각을 하지 않았다. 택시조차 잡히지 않았다. 시내버스 노선인데도 타는 승객이 없어 외곽지대는 오지 않고 다시 되돌아 시내로 들어가는 버스가 있다는 걸 향일암 갈 때 알았으면서 금세 잊고 또 기다리다 지쳐 다시 걸었다. 여행에서 정보가 얼마나 중요한가를 새삼 알았다.

보도블록 위로 돋아난 잡풀들 밟으며 사드락사드락, 머리카락 흘러내리듯 바다 위로 오후의 태양이 그렇게 흘러내리고 있었다. 듬성듬성 공원을 서성이는 사람들을 뒤로하고 돌산과 자산을 연결하는 해상 케이블카를 탔다. 거북선대교 위를 지나는 1.5km 구간에 약 10분간의 여유와 여수 앞바다가 통째로 들어왔다. 그리고 저 아래 하멜등대가 손짓했다. 힘들여 올 만했다. 앞의 빈 케이블카가 출렁, 뒤따라오는 케이블카도 텅 빈 채였다.

나의 지나간 시간들이 줄줄 새는듯하다. 시간은 공간과 어떤 관계가 있을까. 아인슈타인은 시간이나 공간도 휘어진다고 했는데, 지금 내 시간은 어떻게 휘어지고 있을까.

오동도에 갔다. 몇 년 전 아들 동윤과 함께 걸었던 길이다. 그때보다 대나무는 더욱 번식하여 빛이 스미지 않는 대숲, 동백 숲 사이로 찰방대며 스치는 다람쥐들조차도 긴장하게 만드는 한적한 길이다. 코끼리 열차가 끊긴 지 오래다. 방파제 끝까지 내려앉은 노을을 붙잡고 바다는 깊어지고 있다. 바다 쪽으로 나의 현재가 깊이 휘어지고 있었다.

 태양을 머리에 이고 돌산대교를 건넜다. 한강 다리 한번 제대로 걸어서 건너보지 못한 아쉬움을 돌산대교가 달래준다. 일인 식사 거절의 후유증이 불안을 가져온다. 아침과 저녁은 편의점 도시락으로 허기를 채웠지만 여수에 와서 지역 음식을 못 먹어본다는 것은 아쉽겠다는 생각을 버리게 한 교동시장 안의 장어탕 한 그릇이 마음을 달래주었다. 10여 년 전 거문도 가는 길목의 여수 '칠공주 식당'에서 먹었던 장어탕의 맛의 기억이 났다.

 이순신 광장의 거북선 한 척에 승선하는 것과 관람은 무료였다. 실제 상황을 재현한 거북선 내부 관람 후에 이순신이 작전 계획을 세우고 군령을 내린 곳으로 국보 제304호 진남관은 보수공사 중이었다. 조금 걷다 보니 고소동 벽화마을이었다.

 고요함을 고요함으로 느끼게 해주는 건 소란스럽게 왔다 간 사람들 때문이다. 소란스러움을 소란스럽게 느끼게 해주는 건 아무도 없을 때 그 빈자리를 채워줬던 정적 덕분이다.

 고소동 벽화마을 입구에서부터 시작된 한 무리의 수학여행 온 학생들 시끄럽다. 그 시끄러움이 주는 공간, 그리고 학생들이 떠난 뒤 온기가 골목 곳곳에 숨어 있었다. 갑자기 나타나는 정적에 문득 체코의 작가 보후밀 흐라발의 『너무 시끄러운 고독』을 생각하게 해주는 왁자지껄하던 학생들이 떠난 공간이 주는 고독이 불쑥 나에게 다가왔다. 무분별한 발전으로 인해 오히려 퇴보하고 사라져 가는 것들에 철학적 의미를 부여한 『너무 시끄러운 고독』은 개발하지 않고 있는 그대로의 모습에 벽화로 아름다움을 추구한 공간이 주는 천사 마을의 고독이 버무려졌다.

 허영만 만화가 작품들과 이야기할 수 있고, 안도현 시인의 「연락선」을 낭송할 수도, 오포대와 이순신전술 신호연 박물관이 있는, 아기자기한 벽화골목은 해양 공원에서 시작해 고소동 언덕까지 1,004m 구간이라 '고소 1004 벽화골목'으로 불린다. 보고 읽고 듣고 걷고, 이제 잠시 쉬어가기 위해 카페 '낭만'의 통유리 밖으로 펼쳐진 바다를 보며 마시는 차 한 잔의 여유를 즐겼다.

 투명한 햇빛이 쫑포 포구에 내려앉은 오후, 발길이 해양 레일바이크 쪽으로 촉수를 세운다. 성수기가 지나간 뒷자리는 한적하다. 혼자 바퀴 굴리는데 힘들지 않겠느냐는 나의 우려와 혼자서도 많이 탄다는 직원의 격려로 레일 바퀴는 신나게 굴러간다. 자전거도 탈 줄 모르는 나는 평생 처음 허벅지 근육을 토닥거렸다.

 만날 수는 없지만 항상 마주 보며 나란히 가는 철길은 함께여서 좋겠다는 부러움이 무르팍 위 그림자로 새겨진다. 혼자라서 좋을 때는 언제일까. 항상 혼자이다 보니 무엇이 좋은 것인지 모르면서 파도와 함께 밀려오는 바람을 느끼며 해안선을 달리다 보면 마래 터널이 입을 벌리고 있다. 어서 오라고 빛과 어둠의 경계에서 은밀하게 유혹한다. 유턴하여 돌아오는 길, 보이지 않는 언덕에서는 저질 체력을 나무라듯 열심히 굴려도 앞으로 나가지 않는다. 내 뒤 연인들은 답답한지 바짝 붙어 내게 힘을 보탰다. 얼마나 답답하였으면 하는 미안함, 그리고 고마운 마음이 들었다. 그 뒤로 무리 지어 바퀴 돌리는 학생들의 깔깔깔 웃음소리가 여수 앞바다 물수제비로 뜬다.

혼자서는 할 수 없을 거라 색종이 접듯 접어버린 시간들이 하나씩 펴지고 있는 색깔들 중 하나가 희끗희끗한 내 머리카락처럼 솟아나고 있었다. 그렇게 여수는 나에게 혼자라서 좋았다.

장미는 철없이 피지 않는다
- 의왕

  고흐 명화 「해바라기」를 감상하면서 영화 「해바라기」 주제곡을 들으며 해바라기 밑그림을 숫자의 결 따라 색칠했다. 개미보다 작은 숫자들이 두 눈을 어지럽게 했다. 혼자 놀기 좋은 색칠놀이라 하기엔 눈의 피로와 구부러지는 등줄기가 시큰했다. 실내의 답답한 공기를 부숴낼 수 없어 한낮의 태양이 작은 토마토처럼 호수 위로 떠다니는 듯 반짝이고 있는 의왕 왕송호수에 왔다. 호수를 보자 순간 감성이 일었다.

    빗방울 바람에 후드기는
    호흡마저 건조해 바삭거린다

고깃덩어리 드문 훌렁한 김치찌개 속 같은
스며들지 못해 떠 있는 기름 같은
이리저리 뒤적거려도 건져지지 않는

오래된 시 한 토막

아나톨리아 들판을 그려놓은 고흐의 해바라기 문장
책상 위에서 바스락거리고

지평선을 긋는 노란 얼굴들
폰투스 산맥 넘어온 노랑의 물결
고개 숙인 꽃의 뒷덜미가 고요하다

해가 그늘을 데려왔을까
꽃이 해를 등졌을까
등바라기 등바라기
저 어둠 속으로 여물어 가는

씨앗 같은
한 편의 시
내 밖으로 나가고 싶어

햇빛에 꽃 모가지 돌린

칠월에 걸터앉아

오래된 시가 밤을 건넌다

아나톨리아 들판

 오래 붙들고 있어 올 풀어진 구닥다리 스웨터처럼 묵어버린 상념들 지우며 누군가의 발자국 따라 내 발자국 새기며 홀로 걷는다. 가끔씩 고요를 가로챈 바람이 지나간다. 철길과 나란히 발맞추며 걷는 제방 길 지나니 호수 수문 뒤로 번져오는 철길과 아파트 물그림자 파닥거리며 탱탱하게 부풀어 오른다.

 팔각정 쉼터 옆구리 끼고 호수를 바라보며 나무 의자

에 잠시 쉬고 있는 어르신의 뒷모습 위로 햇빛이 밑줄 긋고 간다. 저분도 이 순간만은 솜사탕처럼 달콤한 시간이 되었겠지. 그 모습을 바라보는 내일의 내 모습인 듯 가슴이 뻐근하다.

 잡풀에 끌려오는 듯 철로에 이끌려 가는 듯 레일바이크 바퀴 굴리는 웃음소리들 지나간다. 마스크로 중무장한 입들이 조용히 스쳐 간다. 보이지 않는 저 입속에는 무슨 말들이 엉겨 있을까. 단풍은 태양 속으로 빨려가듯 감홍색으로 빛나고 있었다.

 터키 아나톨리아 고원에서 만났던 광활한 해바라기 풍경을 그립게 하는 아주 소소한 해바라기가 소박하게 철길을 지키고 있었다. 쉼터에 댓잎 몇 조각이 사각거리고 황화코스모스가 순간 빠르게 돌아서는 가을 같다.

 붉은 옷 입고 철길 지키는 호수 열차를 지나, 풍차 조형물을 건너 수생식물의 광장 생태습지에는 여러 개의 연못과 수로가 나무다리로 연결되어 있었다. 생태습지를 한눈에 볼 수 있는 전망대에서 바라보는 연못은 오랫동안 만나지 못한 그리운 이름들이 한들한들 부들로 떠 있었다.

 아름다운 경관을 보여주기 위해서 누군가의 수고로움이 남아 있는 풍경이다. 연못들을 뒤덮은 개구리밥을 뜰채로 떠내고 있는 분들의 어깨 너머로 맑은 물을 흡입하는 갈대 무리가 살랑댄다. 내 발걸음도 살랑거리며 철길 넘어 연꽃 습지로 건너간다.

 산책길 쭈욱 코스모스 행렬과 한여름 묶어버린 빛바랜 연잎들이 꿈꾸었던 바닥 연근의 무게는 얼마나 될까. 뒤돌아서면 살포시 내민 열대 수련 제 그림자에게 멀리는 가지 말고 곁에 있으라 한다. 하늘 향한 코스모스 따라가지 말라 한다.

 레솔레 파크 분수광장 철도 특구 조형물과 평화의 소녀상 지나 레일바이크 옆 KTX 쉼터는 굳게 입 다물고 있어 곁 눈길 뿌리고, 백설 공주와 일곱 난쟁이들 표정 연기에 바쁜 하트 존의 엄마와 딸이다. 갑자기 먼 곳의 엄마가 그립고 가슴 한쪽이 아리다. 한 번도 엄마와 지극히 평범한 추억 하나 그려놓지 못했다는 아쉬움으로 흔들의자에 앉아 흔들흔들 마음을 흔들어 본다. 그리움은 회한으로 흔들흔들, 다정스러운 모녀가 부러워서 또 흔들흔들, 뜨거운 보온병에 몸 담근 블랙 홍차 티백처럼 다시 오지 못할 추억 속에 잠시 잠겨 흔들리는 시간이다.

트랜스포머 로봇 앞에 섰다. 애니메이션과 영화로 제작된 트랜스포머 광장을 지키고 있다. 이런 로봇이 있었다는 걸 처음 알게 된 건, 내 관심 밖의 분야라서 몰랐던 건 당연한 거야. 혼자 궁시렁궁시렁 철길 옆 철모르는, 철없는 장미는 꽃으로만 피는 것이 아니라 나처럼 철딱서니 없이 피기도 하는구나.

나뭇가지에 헝클이진 마른 잎들이 견디기 힘든 날들이 따라붙어 올가을을 조금은 남겨두고 데크 길을 걷는다. 호수에 빠진 석양을 삼키고 있는 물오리를 바라본다. "온전히 나를 잃어버리기 위해 걸었다."고 한 안희연 시인의 시행이 꼭 나인 것 같아 한참 그렇게 해를 따라간 해바라기처럼 있었다.

풍경소리 고요를 덮는
- 용인

모든 바이러스는 별똥별이다.

이런 생각이 내게 왜 왔는지 모르겠다. 그것도 사찰에 와서. 그을린 마음이 이곳의 고요함을 한 순가락씩 떠서 코로나로 마른 세상의 입술들에 불어넣어 주고 싶은, 하늘을 눈부시게 밝히는 한순간의 빛이 있다. 그것은 찰나의 영원이며 눈 깜짝할 사이에 사라지는, 코로나도 별똥별 떨어지는 순간처럼 사라지기를 바라는 마음이 아닐까. 벗은 나무들이 먼 능선을 짊어지고 있는 연화산과 산사 처마 풍경소리 들으면서 어느 시절의 시린 그리움이 이마를 짚고 간 잠깐의 그런 순간.

붉은 잎들 먹장구름 떠안고 떠난 산사의 풍경소리 고요를 덮는 와우정사는 1970년에 남북 평화 통일과 세계의 평화를 기리기 위해 세워졌다. 삼국시대 호국불교 정신을 오늘에 재현하고자 한 대한불교 열반종 사찰로 네팔, 태국, 미얀마 등 동남아 불교 양식과 문화를 볼 수 있다.

 일주문 없이 들어선 사찰은 호수를 배경 삼아 황금으로 빛나는 부처의 머리가 보였다. 세계불교박물관 옆 살짝 비켜 오르다 보면 만나는 왼쪽 가족의 기원을 담은 금박 표식이 하늘거리는 그 뒤로 자박자박 쌓아 올린 석탑들이 늘어서 있었다.

 못난이 인형을 닮은 조각상 스님은 입 닫고, 눈 감고, 귀 막고 법문에만 집중하라는 뜻이겠지만 내가 바라본 스님의 조각상은 단지 '어찌하라는 거야'로 보이고 들린다.

 십이지신상의 다양한 스카프로 중무장한 코와 입에서 차가운 바람이 이마를 짚고 지나간다. 대웅전 옆 통일신라시대 황룡사 종과 같은 크기로 통일을 기원하며 만든 통일의 종은 황금빛에 눈 시리게 했다.

 오르막 산책길 한 발 한 발 부처의 일생을 그린 「팔상도」를 눈으로 읽으며 오백나한상 바라보다 옷소매 안쪽에 숨겨두었던 손끝을 어루만졌다. 몇 년 전 인도 성지순례 단체에 끼어서 다녀왔던 라즈기르 베하라산에 있는 칠엽굴. 욕망의 사슬에서 벗어나 다시는 태어나지 않는 상태로 불교 수행자가 추구해야 할 목표를 향하던 칠엽굴에서 경전 결집을 향한 500명의 아라한들이 불멸을 기약하며 2600년 전의 아라한 낭랑한 음성을 여기서 다시 듣는 것 같은 착각에 울컥 뜻 모를 마음 한 움큼 삼킨다.

 네팔 국민들의 성금으로 5년이나 걸려 만들어졌다는 네팔식 불상과 종, 인도 성지순례 때 부처님의 탄생지 룸비니 동산에서 만났던 불상과 타르초, 세상에서 가장 무거운 책 『타르초』를 구름과 햇볕을 가르며 바람이 독서를 한다. 어떤 날은 읽히고, 어떤 날은 캄캄한 타르초 경전이겠지. 그러나 나에게는 그때도 지금도 좀처럼 읽을 수 없는 난해한 그저 색색의 깃발로만 펄럭일 뿐이다.

댓잎 바스락대는 석조건물 안에는 부처님 고행상이 있었다. 인도 우루벨라 고행림의 석가모니는 수자타의 유미죽을 네란자라 강물에 풀어 득도의 바깥으로 가기 전까지, 그곳에서 보았던 석가모니 상과는 다르다. 폐허의 서까래 같은 갈비뼈에 쭈글쭈글 뱃가죽은 말라 비뚤어진 조롱박 같았는데 흑갈색 얼굴은 허허벌판 버려진 해골의 모습이 아닌 이곳 고행상은 백옥처럼 하얗다.

마른 낙엽 바스락거리는 돌길을 내려오면 진안 마이산 돌탑을 닮은 탑이 듬성듬성 배경을 이루고 열반에 든 부처가 봉안되어 있는 열반전이 있다. 붉은 가사 입은 와불 나무 열반상은 길이가 12m로 기네스북에 올라 있다.

여행지에서 보았던 인도 마하라슈트라주 아잔타 석굴의 가사 입지 않은 와불과 쿠시나가르 열반당 황금 가사 입은 적색 사암을 깎아 만든 와불. 방콕 왓 야이 차이몽콘 석고 와불은 돌이나 황금·동으로 만들어졌다. 나무로 빚은 이곳 와불의 색다름 뒤로 돌 틈 사이에 낀 단풍잎들을 처마 끝 풍경소리에 묶어 이 계절로 떠넘기며 사찰을 나왔다.

코스모스 꺾어 마음에 담으니
- 과천

  김연수 작가는 『파도가 바다의 일이라면』에서 "파도가 바다의 일이라면, 너를 생각하는 것은 나의 일이다."라고 했다. 주인공의 말을 나는 "살아온 생이 친구들의 시간이라면, 지금 친구들을 생각하는 것은 나의 일이다."로 바꿔보고 싶다. 서울대공원에서 우리들의 시간이 이러하지 않았을까.

  점과 점이 인연의 선을 이어주고 우정이 면을 만들어 사랑의 팔각도형을 세운 '청보리' 얼굴들, 현옥·인영·영희·순옥·숙효·성남·나연·민재. 아름다운 것들은 조금 떨어져서 봐야지 보인다고 했다. 오랫동안 보지 못한 얼굴들이라 더 반갑고 아름다운 모습과 행복한 하루가 되지 않았나 싶다.

보리밥집 '청학동에서'의 숙효 친구가 준비해 온 점심 한 상을 돗자리에서 얼른 만나자고 했다. 문어는 입속에서 유영하고, 궁중의 나물 궁채(줄기상추, 중국 황제의 음식)가 오독오독 씹히는 순간 황제가 된듯했다. 파프리카와 한 몸이 된 가지볶음의 맛은 막 물들어 가는 나뭇잎 색 같았고, 고추와 깻잎장아찌는 인삼밭과 함께 꿀 속으로 풍덩, 찰밥은 눈의 바깥에서 위장 안으로 휩쓸려 갔다. 우리들은 구름을 모아 코끼리 열차에 실어 보냈다.

나주한 그 하니만으로도 위로가 되고 기쁨이 되는 여기, 가을볕을 모아 얼굴에 뿌려주며 바람을 모아 입술에 바르니 모두가 향기로운 코스모스로 피었다. 꽃 속에 잠겨 추억을 찍어내고 있는 우리들의 봄날이 다시 시작되는, 자연에서 자유로 가는 그 어디쯤 우리 그냥 웃기만 했다. 코스모스를 꺾어 우리들 목에 넣으니 웃음소리 즐거움에 행복이 밑줄 긋고 있다.

삶의 구석구석 돌보느라 고단했던 감정과 열정이 희미해진, 참고 사느라 물들지 못한 시간들. 코스모스 줄기에 엮어두고 데크 길 환하게 열리는 백운호수를 모터보트가 호수와 한 몸이 되어 물길을 갈랐다. 모터보트로 길 잃은 오리 떼가 농부 대신 황금 알맹이를 추수하고 있었다. 한 해 농사 그 수고로움을 오리 떼에 헌납하는 안타까운 마음이다. 내가 허수아비로 서 있을 수도 없어 카메라로 호수에 빠져 반짝이는 석양만 건져냈다.

털어내도 변하지 않을 우정과 사랑, 그래서 이 가을이 서럽지 않은 우리들의 오늘이다. 친구들이 가슴 시리게 아름답다.

    초록이 지나간 자리마다 피 흘리는 가로수 잎
    보도블록에 끼고
    골목을 뒹굴며
    미끄러지듯 기도하는 은행을 주워 비볐어요
    노란 물 발등을 적시네요
    노랑은 들국화에 물들고 해바라기에도 물들어
    내 가슴에 머물다

그대의 얼굴로 튄 얼룩

겨드랑이가 가렵던 눈썹이 없는 아이들 같아요
모나리자를 닮지 않은 아이들을 받아들고 빗물에 씻어요
두 손을 오므리고 펴고
다시 오므리며 아이들이 빠져나갈까 봐 조심

두 손에서 한 방울씩 빠져나가는
생각 앞에서 멈추고 바람이 흘리고 간
노랑을 피해서 뛰었지요
나무의 끝에 매달린
소리마저 들리지 않을 곳까지 달렸어요
그러나 건너편은 보이지 않아 건너갈 수 없는
오늘 눈이 올까요

그리움의 성벽을 쌓다
- 다시 고창

 걸어온 만큼 걸어가면 만날 수 있을까. 수없이 걸어왔지만 만나지지 않는, 아니 만나질 수 없는 사람과 나의 관계처럼 성 밖 산책로와 성곽 길, 성곽 길과 성안 산책로의 관계를 뚫고 걷는 읍성에서의 하루다.

 함박눈 펄펄 날리던 영화의 한 장면을 연출하며 눈밭 뒹굴었던 '아름드리회' 청순함과 추억의 이름들은 없지만 수만 겹의 바람이 묶였다 가는 곳이며, 나무들이 바람의 고삐를 풀어주는 곳이다. 이곳에서는 누군가가 나를 부르는 것 같아 뒤돌아보면 허공이다. 하지만 사춘기 소녀였던 한 시절이 웅크리고 앉아 기다림의 성벽을 쌓던 아련한 곳이기도 하다.

 맹종죽 와글와글 소란스러운 대나무 숲에서 쉭쉭쉭 지나가는 바람 소리 붙잡고서 영화『봄날은 간다』주인공처럼 대숲 한가운데서 귀 기울인다. 자연에 담긴 아름다운 소리를 듣고 있는 순간이 조금 두렵다. 잡아낼 수 없는 소리들이 지나가는 것 같고, 잡을 수 있는 소리가 또한 온몸을 휘감고 지나간다. 텅 빈, 그러나 가득 찬 대나무와 소나무가 엉켜 서로 의지하고 있는 자리 비워주며 고을의 평화와 풍년을 지켜주는 성황신 사당 '성황사'를 지나 남치 성곽 길을 걷는다.

 혼자 걸어도 아슬아슬 좁았던 황토 질퍽한 옛길은 이제 없다. 시멘트로 덧칠하면서 길은 넓어져 두 사람이 손잡고 걸어도 부족하지 않을 만큼 넓어진 문명이 지워버린 그 길 따라 연인이 두 손 꼭 잡고 지나간다. 어릴 적 엄마 귀례 씨 치마폭 잡고 오르던 딸과, 엄마가 되어 꼬맹이 아들과 걸었던 성벽 길에서 잠시 추억에 잠겨본다.

 멀리 물 빠진 노동저수지 그 너머 엄마 산소는 보이

지 않지만 10년 세월 성묘 가던 도로는 햇볕 따라 손 뻗은 소나무 가지 성벽 터널을 만들고 있었다. 등양루(동문) 성곽 밖 언덕배기 그 옆 겨울방학이면 학원 대신 두 아들 동윤, 동주가 비료 포대 눈썰매에 엉덩이가 푸른 소나무처럼 물들던 곳이며, 시린 손발 비비며 성 밖의 소란이 성안을 감싸주던 곳이다. 오고 가는 하루, 맞이하고 보내는 계절처럼 어린 두 아들은 성인이 되었다. 그립지 않은 사람으로 저물어 가는 내가 여기에 있을 뿐이다.

공사 중인 등양루 사이로 빠져나오니 작청의 양지바른 툇마루에 앉아 잡담 중인 어르신 서너 분이 쉬어가라 한다. 보약보다 더 좋은 햇볕 받아 가라 한다. 읍성의 풍경 한 장 그림자에 새겨 넣고 따듯한 공기 한 숟갈 떠서 지친 삶에 버무려 보고 싶은 마음 잊고 떠돌고 있는 나를 잠시 내려놓고, 그렇게 한참을 마루 한 귀퉁이에 앉아 진한 사투리를 줍는다. 배낭을 뒤적거려 초콜릿을 드리니 한 분께서 "하나는 안 되는디. 두 개는 줘야 하는 거 아녀." 하신다. 나도 한 시절 저런 사투리로 옴쭉거렸는데 고향 떠난 세월만큼 잊었고 다시 그리워지는 나이가 왔다.

탁자식 지석묘와 연못이 노닐고 있는 잔디 위로 한바탕 웃음이 지나간다. 풍화루 단청 우아하게 내려다보고 있는 옆으로 아무도 찾지 않는 졸졸 흘러내리는 약수터 물을 붉은 바가지가 엎드려서 기다리는 하루해가 길고 춥다.

 고창읍성(모양성)은 사적 145호로 둘레 1,684m의 테머리식 산성으로 동·서·북의 문과 세 군데의 옹성이다. 그리고 여섯 개소의 치성이 있다. 읍성이면서도 고을을 둘러싸지 않고 산의 계곡을 감싸 만든 산성이다. 성 밖에 외성이 없고 내성 하나만 있는 홑성으로 여성들이 윤달 6일·16일·26일엔 저승문이 열리고, 9일·10일·19일·20일·29일·30일에는 귀신이 쉬는 날로 답성놀이를 하면 무병장수, 극락 승천한다는 풍습이 있다. 먼 길 떠난 엄마도 남편도 극락 승천하였을까.

 한낮 햇볕을 안고 들어와 저물어 가는 노을을 깔아놓고 나가는 읍성이다. 이곳엔 모교가 있었던 자리인데, 성안에 있던 고창여중·고등학교는 이전하였고 지금은 조선시대 관아로 복원되었다. 학창 시절 점심시간, 하교 후 성안을 휩쓸고 다녔던 아련함이 서린, 많이 왔고

보았고 뛰놀았던 곳이며, 늘 왔지만 늘 보고 싶은 곳이다. 담쟁이넝쿨로 무럭무럭 번지는 추억의 문장 한 줄 남기고 간다.

고창읍성의 낮

한 사람이 지나간 발자국 따라 고향 간다 너에게 가고 싶은 마음에 몸살로 뒤척이던 봄날이다

철쭉꽃 진 저물녘 어둠이 먼저 와 기다리고 공북루 주춧돌 조명등 아래로 내려앉은 꽃잎들 속절없이 날리고 있다

구멍 뚫린 한 시절이 화강석 돌기둥에 묶여 어둠 가려

지는 문루에 기대어, '옹성을 둘러쌓고 그 위에 여장을 쌓았다' 진정 옹성을 쌓았던 것은 너를 밀어내기 위함은 아니다

별빛 서린 성벽처럼 오래 견딘 바람의 두께가 겹겹이 쌓여 이룬 계절마다 너는 멀리 있다 내 가슴에 높이가 있어도 널 바라볼 수 없어 돌덩이 안고 철쭉 얼룩 지웠던 붉은 날들이다

한 줄의 문장을 얻기 위해 헛발 디딘 감정의 돌덩이 무게가 이룬 성처럼 나의 기다림 틈새로 살아생전 극락세계 들어서는 발자국들 조명 빛 닿아 타고 있다 풀리지 않는 너라는 낱말 뭉치 뭉텅, 유성우로 쏟아지는

고창읍성의 밤

다섯 시를 두고 오다

 연두에 찔리고 꽃들에 붉은 마음 흘리며 상처 난 자국들 길 위에 뿌리면 내가 원하는 문장들이 찾아올까. 좋은 글을 보면 훔치고 싶은 마음처럼 아름다운 꽃들과 만나면 자극이 되어 좋은 글이 내게 찾아올까. 손을 뻗어 벚꽃을 잡아보지만 바람에 꽃잎만 날릴 뿐 잡히지 않은 꽃잎처럼 오지 않는 문장을 찾아 벚꽃 터널 속으로 들어간다.

 여고 동창들 일곱 명이 한 친구의 딸 혼사로 모였다. 47년 만에 보는 친구는 반가웠고 아무리 오랜 세월이 흘러도 학교라는 울타리가 주는 친근함은 마치 어제 만난 듯 포근하고 든든하게 다가온다. 흰머리 희끗희끗 눈가에 잔주름 아름답게 그어지고, 살아온 삶의 농도는 다를지언정 우리가 녹는 온도는 변할 수 없다는 걸 말해주고 있다. 편안함이 던지는 마음 색깔에서.

사월의 첫 주말 우리는 석촌호수의 수많은 인파 속을 헤집고 들어간다. 일렬횡대 혹은 일렬종대 사진 찍기는 참 연식이 있는 포즈들이다. 우리들의 포즈가 신기한 걸까. 해맑게 웃고 있는 표정이 아름다워서일까. 지나가던 젊은 외국인 친구가 우리들의 모습을 카메라에 담고 있다. 우리들은 그 친구의 표정을 마음 안에 담는다.

공원의 카페. 우리 앉을 자리가 없어 서성이다 듬성듬성 다른 거리를 두고 잠시 앉았다. 각자 살아온 거리만큼 간격과 간격은 크지만 마주하고 있는 지금 우리들의 거리는 측량할 수 없는, 측량될 수 없는 관계이겠지. 어릴 적 친구는, 학교 친구는 그런 거 아닐까.

우리들 사이로 아이스크림을 든 부부가 앉았다 가고, 아이스커피 출렁이는 연인들이 쉬었다고 가고, 잠시 쉴 곳 찾아 서성이는 가족들이 지나가고 있다. 물방울 송골송골 맺힌 맥주잔 들이켜는 옆 좌석 젊음이 소란스럽게 즐겁다. 호수의 물결은 고요한데 사람들은 출렁이며 밀려가는 모습들을 음료수 잔에 담아내며 우리는 각자의 방식대로 한참을 그렇게 앉아 있다.

 이토록 사소한 주말 오후. 생각을 접고 마음을 비우면 얼마나 좋을까. 순간순간 덮치는 문장 찾기에 나는 또 침울해진다. 늘 무엇인가에 쫓기는 듯 원하는 문장은 찾지 못하고 구부정한 자세로 노트북과 놀다 목 디스크로 어깨 통증을 선물로 받고, 스트레스로 얻어낸 간과 위장병은 일상이 어두운 터널 속 같지만 오늘만은 환한 꽃 터널인데 나는 또 어디에 머물고 있는지. 답 없는 질문을 하다 피식 웃음이 머문 자리 먼 길 떠나신 엄마의 그리운 잔소리가 스치고 간다. "돈도 안 되는 시는 뭐더러 쓰면서 늘 골골거린다냐." 따뜻한 목소리가 들리는 듯 울컥한 마음 한 귀퉁이가 아리다.

 수없이 다녀갔을 우리들의 사월. 수많은 꽃들이 왔다 갔지만 오늘의 사월이, 꽃구경이 친구들에게 깊이 잘 머물렀으면 좋겠다는 마음과 나의 문장도 잘 왔으면 좋겠다는 바람과 다음 만날 날 약속하며 오후 5시를 호수에 담가두고 벚꽃 터널을 나온다.

    동해 쪽으로 열리는 무화과
    열매가 벌어지는 쪽으로 솟아오르는 너
    여름 무화과 속 우르르 쏟아지는 좀벌떼들
    윙윙
    바닷물 붉게 끓는 소리
    나른하게 풀린 오전 눈꺼풀 속
    햇빛 유리병에 담는다
    먹구름에 아련해지는 짧고 강한 눈빛
    냉장고에 가둔 차갑고 지루한 날들
    오랫동안 닫힌 냉장고를 연다
    쿵쿵한 바람이 서쪽 하늘에서 쏟아진다
    무화과잼은 전적으로 서쪽 하늘빛이다
    막 문 닫은
    끈끈하게 엉겨 붙는 생리 혈

출렁과 울렁 사이의 멀미
- 원주 소금산

 여사모(여행을 사랑하는 모임)와 함께 굿모닝여행사를 통해 원주 그랜드밸리로 봄나들이를 간다. 예측할 수 없는 도로가 불안하여 용인에서 새벽 첫차를 탔다. 참 여유롭게 1시간이나 빨리 도착하여 잠실역사 의자에 앉아 20여 년 전 기억의 한편을 누르니 폴라로이드 사진처럼 뽑혀 나오는 추억 하나.

 2001년 이상문학상 수상작으로 『제25회 이상문학상 수상작품집』에 수록돼 있는 신경숙 작가의 「부석사」를 읽고 부석사가 궁금했다. 소설에는 부석사가 나오지 않고 가는 길만 나와 더 궁금증을 유발하였는지

도 모른다. 한 번도 시도해 본 적 없는, 생애 처음으로 지금은 기억에도 없는 여행사를 통해 혼자서 떠난 부석사행. 낯가림 심한 내가 무슨 용기가 그리 있어 여행사에 동참하게 되었는지 모르겠지만 그날도 새벽 서울역사 앞이 오늘 같았다.

영등포에서 출발하는 준임이 버스 맨 뒷자리를 찜해 향숙·정애·영희 다섯은 나란히 서로의 어깨를 부딪치며, 앞좌석 자꾸 힐끔거리는 눈초리를 걸러내며, 가이드의 설명은 마스크 안으로 스며들어 잘 들리지 않아 맨 앞자리를 노려보며, 고요와 소란을 건너가고 있다. 얼기설기 엮어내는 수런거림이 재미있다. 서로 나눠 먹는 간식 뽀스락거리는 소리가 정겹다.

여행은 마음의 풍경을 향해 가는 것이라 한다. 삼삼오오 짝지어 속닥거리며 가는 부석사행에 나는 차창 밖 풍경과 마음의 풍경만 읽으며 갔었다. 낯선 여행객 옆자리에 앉아 참 어색하고 부자연스럽게 오늘과는 사뭇 다른 시간이었지만.

소금산 출렁다리는 높이 100m, 길이 200m로 한때 우리나라에서 가장 높고 긴 다리였다지. 몸을 부풀린 바람이 다녀간다. 출렁다리 한가운데 바람의 혀로 우리의 얼굴을 핥고 가는 잠시, 설렘이 스쳐 간다. 순한 햇볕이 손가락 틈 사이를 비껴간다. 출렁다리 한끝에 앉아 얼굴과 얼굴이 흐르고 몸에 선을 긋고 지나가며 춤추는 팔들을 바라본다. 데크 산책길, 잔도길 연두에 접힌 소금산 여린 나뭇잎들 그림자 사이로 우리는 송홧가루 색을 얻어 봄을 그려간다. 서로가 서로에게 거울이 되어 찍는 사진은 액자로 걸리겠지. 우리들만의 마음속에.

 스카이타워 아슬아슬 계단 내려와 높이 110m, 길이 404m의 울렁다리. 다리 이름 그대로 속이 울렁거린다. 우리네 인생 또한 출렁출렁, 울렁울렁 그런 세월을 살고 있지 않을까. 누구에게나 한 번쯤은 그렇게. 짐작해 본다. 나는 일상이 울렁거리는 삶을 살아왔지만.

 울렁다리 앞 한글 자음 모양을 딴 상징 조형물을 배경으로 인생샷을 남긴다. 앞으로 20년 후 그때도 이 자리를 기억할 수 있을지 모르겠지만 20년 전의 오늘이 함께 있는 것처럼 그때도 그러길 바라면서 산길 내려오니 간현천은 조심히 잘 가라며 맑게 웃어준다.

무제한 횡성 한우 점심 한 상이 푸짐하다. 다섯의 입이 모여 풍성하고 다섯의 마음이 움직여 풍요롭고 다섯의 사랑이 뭉쳐 충만 가득.

안동에서 점심 헛제사 밥도 안동 찜닭도 함께할 짝이 없어 마음으로 먹고, 안동 고등어 소박한 차림 혼자 먹는 그날의 잘 구워진 고등어자반 가시는 덤불 속 나뭇가지처럼 내 마음 황망하였지.

치악산 품 안의 구룡사 황장목 숲길을 걷는다. '황장목'은 임금의 관으로 쓰던 질이 좋은 소나무로, 몸통 줄기 한가운데의 심에 가까운 부위가 단단하고 빛깔이 누런 소나무인 금강송이다. '금강송'은 일제강점기에 일본학자들이 붙인 이름이며 『조선왕조실록』에는 황장목으로 기록되어 있다.

자연의 소리들에 취해 걷는 산책길. "복잡한 머리를 용서하면 나의 좌표는 간결해질 수 있다."라고 말한 하미정 시인의 표현처럼 계곡의 물소리, 새소리, 바람 소리에 각자의 방식대로 잠시 자신을 내려놓는 시간이다.

안동 하회마을 담장 기웃거리고 골목 어슬렁거리다 솔밭 쉼터에 앉아 부용대를 바라보며 한참을 '혼자는 참 외롭고 심심한 여행이구나!' 그때는 그랬었지.

원주 소금산 휘돌아 횡성 한우를 만나고 치악산 황장목 숲길에 우정의 다섯 발자국을 새기면서 남아 있는 날들의 나의 모습을 그려본 하루다.

영희는 어쩔 수 없는 주부인가 보다. 서울로 출발할 버스를 기다리며 어깨 너머로 머윗잎의 유혹을 뿌리치지 못하고 엉덩이를 뽐내며 쑥 뜯는 손톱 끝에 쑥 향 물들이고 있다.

"머윗잎과 쑥으로 뭐 할 건데?"
"부침개 지져서 더덕 막걸리로 봄을 마셔볼까 해."

제2부
소소한 이야기

가랑비는 풀잎을 붙잡고
파도는 갯바위에 매달리고
나무는 바람에 몸을 맡기고
모든 색깔이 뒤섞여
돌담에 골목이 자라는 곳으로
빛나게 걸었다

땅끝에 온 까닭
- 토문재 1

 왜 땅끝까지 왔을까? 무슨 대단한 글을 쓴다고 '한 달 살이'를 하러 여기까지 왔을까?

 우울해하지 않는 삶이라 생각하며 살아가는데 나의 남도 여행일지는 지독한 안개이거나 진한 먹구름, 혹은 궂은비로 시작된다. 의도하지 않은 우울이 거미줄처럼 쳐지는 일요일, 해남 인송문학촌 토문재에 입소하는 날에도 역시 먹구름에 하늘은 버무려졌다.

 해남 버스터미널에서 송호면 송호리 송종 토문재까지 군내버스로 1시간. 차창 밖으로 스치며 지나는 초록의 논에서는 벼들이 밀어를 속삭이고 밭에서는 하얀 참깨꽃이 쓰고 있는 연서를 바람이 먼저 와 읽는다. 함께 읽어보는 참깨꽃 연서에서 메말라 버린 '연정'이란 언어가 내 안에 아직 남아 있는지 모를 감정을 꺼내 보려 하지만 빈 껍질로 버석거릴 뿐.

 송종마을회관 앞 정류장에서 트렁크 바퀴 소리만 울리는 마을의 고요를 끌고 오른 토문재 앞마당. 풀들은 풀에게서 비켜서고 나는 나에게서 비켜서며 박병두 촌장과의 인사도 잠깐, 할 일이 너무 많기라도 하는 듯 발이 바쁘고 손은 수선스럽다.

 일상이 잡초처럼 무성하여 작가로서 작품을 쓸 시간이 부족하여 안타까운, 작가들에게 좋은 글을 쓸 수 있는 텃밭을 마련하기 위해 펜 대신 황토 흙 칠한 장화가 친구가 되었다는 촌장의 농부 차림이 낯설어 보이지 않았다. 누구나 할 수 있지만 누구나 할 수 없는 박병두 촌장은 해남에 인문주의 정신을 되살리고 해남을 문학마을로 만들고자 오늘도 혼자서 동분서주한다.

 쓰다 만 시처럼 읽다 만 소설처럼 완성되지 않은 작

품 끌어안고 온 땅끝마을 토문재 난초실에서 나의 한 달을 어떻게 풀어낼지 모르겠지만 황토 흙 내음 그윽한 이 공간에는 촌장의 배려가 깃든 시집과 각종 문학지, 그리고 산문집이 방안 곳곳에 걸려 있다.

 토문재 인송정에 앉아 바라보는 앞바다는 새로운 구름 몇 장과 해무로 가려져 있다. 해풍이 전하는 언어가 들척지근하게 머릿속을 맴돌다 간다. 아무것도 하지 않아도 그 무엇이 이루어질 것 같은 공기가 정자를 휘감아 돌고, 진돗개 두 마리와 풍산개 한 마리의 문학촌 지킴이는 나른한 오후를 즐기고 있다. 나는 어슬렁어슬렁 마을 길 탐방에 나선다.

 에곤 실레의 작품 「양 팔꿈치를 괸 채 무릎을 꿇고 있는 처녀」 모습처럼 넝쿨째 뻗어난 호박꽃밭에 탐스럽게 궁둥이 내밀고 뒹구는 누런 호박, 담장을 넘어 어디로 가고 싶은지 모를 안과 질환과 해독에 효험이 있다는 대롱대롱 열린 여주, 썰물에 미처 따라나서지 못한 어선 한 척이 찰방찰방 방파제를 넘나들고 있다.

 입소 첫날 인송문학촌 토문재 처마에 매달린 밤의 풍

경소리가 청량하기도 하고 그 울림이 내게 무엇을 말하고 싶어 하는 듯 어둠과 바람에 뒤섞여 밤하늘에 빗살무늬를 그리고 있다. 가방 가득 한 살림 끌고 온 자신을 돌아본다. '나는 무엇을 쓰려고 여기에 왔는가?' '무엇을 쓸 수나 있을까?' 두고 온 도시의 걱정거리들이 불쑥 또 하나의 가방인 양 머릿속에서 튀어나온다. 나는 맘속으로 몇 번이고 되뇌어 본다. '제발, 제발…' 고개를 저어본다. 글을 토해낸다는 뜻의 '토문재'에서 나는 무엇을 토해낼 수 있을까, 해남의 이동주 시인의 「사랑의 용광로」의 한 부분을 되새겨 본다.

"지금 내 곁에 다가온 / 사랑을 찾아보세요. // 눈이 없어도 손이 없어도 / 가슴에 요동치는 마음으로 / 사랑을 바라볼 수 있다면 // 당신은 그 사랑으로 / 행복을 알게 될 것입니다."

그리고 통증을 우려내는 새로운 글을 쓰리라는 다짐을 하며 한 편의 감성을 적어본다.

기억을 더듬어 만져지지 않은 얼굴을 꺼내고
나에게 말을 걸지

등 시린 길을 건너온 나의 기록은 버렸어
모든 배경이 통증이었던 시절은 지나갔어
오래전 지워진 이야기야
애야,
통증은 사라져도 내면에 스며든 상처는 남는 거다
미황사 대웅전 오르는 돌계단 틈새로
물이 필요하다고 물을 달라고 마지막 나를 통과하던
먼 길 떠난 엄마가 내게로 왔다
살고 있는 계절을 놓쳐버리지 말라고 한다
걷고 있는 이 길이 괜찮지 않아도 괜찮은 거라고 한다
아주 조금이라도 마음을 열어
빛과 공기가 들어올 틈을 만들어 보라고 한다

미황사

나의 문학을 찾아 천년 숲길을 걷는다
- 토문재 2

 송종마을 인송문학촌 토문재에서 땅끝마을까지 걷는다. 걷는 것은 내 자신을 들여다보는 일이기 때문이다. 스페인의 작가 페데리코 가르시아 로르카는 『인상과 풍경』에서 스페인 남부 기행을 하면서 "세상의 모든 사물들이 어떻게 쓸쓸한 색채를 띠며 우울한 풍경으로 변해가는지 보게 될 것."이라고 썼다. 내면의 여행을 위해 기행을 한 것임을 밝힌 것이다.

 영혼의 깊은 늪 속에 잠들어 있는 것들을 찾아서 깨우지 못하고 있는 나도 이런 글을 쓸 수 있었으면 하는 꿈을 꾸어본다. 세상 사물들을 모두 다르게 보며 로르카처럼 시적인 언어를 표현할 수는 없지만 오늘은 나만의 언어로 풍경을 그리러 간다.

 도로변의 칸나가 타오르는 불꽃처럼 빨갛게 웃는 아침. 옥수수수염이 길을 내고, 바다가 들려주는 서정시편에 풀잎들이 출렁거린다. 가는 길에 자동차들이 싱싱 날고 있다. 그 속도의 빠름에 한없이 느린 내 발걸음은 땅끝 황토나라 테마촌으로 들어섰다. 생태수변공원, 음악분수대 등 휴식 공간과 캠핑장이 있으나 묵직한 침묵이 흐를 뿐, 황토문화체험센터 옆 계단을 내려오니 어선의 고백에도 바다로 나갈 의향이 없는 듯 그물망들이 부표들을 옆구리에 끼고 켜켜이 쌓여 있다.

 해송림 모래사장과 곡선을 이루고 있는 송호해변에는 최지훈, 지대영 모래 조각가의 '땅끝송호해변 여름축제' 모래 조각품이 송호해변에 아침 한 상 차려놓은 듯 눈과 마음을 풍성하게 채워준다. 코로나 이전에는 모래 조각품이 많았다고 하는데 올해는 한 작품만이 해변을 지키고 있다.

"예술가의 사상과 철학의 의도를 제대로 드러내기

위해서는 장식적 요소가 필요하다."라고 로르카는 말했다. 사상이나 철학을 제대로 드러내기 위해서는 일반인들이 잘 흡수할 수 있는 맛깔 나는 요소가 필요하다는 뜻이겠지. 담백하고 깔끔한 이 조각품에서 어떤 장식적 요소의 의미를 찾을 수 있을까? 언뜻 나의 사상과 철학은 무엇일까를 생각해 본다.

 해변의 끝 두 갈래길 왼쪽 눈동자는 버스가 달리게 버려두고, 오른쪽 눈망울로 서해랑길의 일부인 '땅끝 꿈길'의 시작점인 갈산마을을 지난다. 바다에는 전복 양식장이, 고추밭에서는 햇빛에 취한 노부부가 붉은 고추와 함께 익어가고 있다. 노부부의 '함께'는 그 어떤 풍경보다 아름답다. 나도 한때는 '함께'였는데….

 내 안을 들여다볼 틈도 주지 않고 눈이 먼저 풍경을 내 안에 들인다. 앞의 구부러진 길만 보고 걷는 숲길은 쓸쓸한 정적 속으로 옷깃을 스치는 나뭇잎 소리와 새소리뿐이다. 내 그림자는 주변의 침묵이 불안한지 자꾸 흔들리고 그런 나를 바람은 부드럽게 어루만져 준다.

 해안초소를 위한 길이었다는 갈산 오솔길은 동백나무

숲과 후박나무 울울창창한 해남 최대 난대림 군락지다. 곡선의 해안선 따라 끝없이 데크로 이어지는 길 중간중간 석탄 광맥 이야기 속 물무청 쉼터·사자포구 쉼터·댈기미 쉼터·달뜬봉 쉼터·학도래지 쉼터·당할머니 쉼터·사자끝샘 쉼터까지 숨 가쁘게 땅끝탑에 왔다.

 우리나라 위도상 북위 34도 17분 32초 국토 순례 시발점 백두대간 시작이자 끝인 땅끝탑은 공사 안내판이 줄긋고 있다. 가까이 다가서지 못한 아쉬움을 소나무 갈피에 끼워두고 갈두산 사자봉 전망대에 오르는 모노레일 외줄타기를 한다.

 전망대에서 바라보는 섬과 섬 사이로 견학 온 학생들이 소란스럽다. "선생님! 어디가 어딘지 모르겠어요.", "그래, 거기가 거기고, 요기가 요기야." 선생님의 답변에 웃음이 한 줌 쏟아진다. 시간의 잔해들이 뭉텅뭉텅 쌓여 있는 봉수대 돌탑 위에 올려놓고 바람도 맛있다는 땅끝(갈두)항으로 향한다.

 땅끝항 선착장과 서로 닮은 듯 닮지 않은 맴섬은 이월 중순과 시월 하순경 1년에 두 번 바위섬 가운데로 해가 뜬다. 나의 내면 풍경을 들여다볼 시는 쓰지 못하고 자꾸 엉뚱한 길로 가고 있는 나를 대변하는 듯 노화도 오가는 배가 한 편의 시인 듯 떠 있다.

 바다를 매립하여 공원을 만들었다는 희망공원 정자에 앉아 바다 멍을 때린다. 잠시, 막 들어온 작은 어선에서 갓 잡은 은빛 풀치와 잡어들이 파닥파닥 몸의 울음을 꺼내고, 어부는 웃음을 집어넣느라 손길이 부산하다.

 풀치 옆에 살포시 앉아 천년 숲길을 걸어온 만큼의 길이를 재본다. 누구도 읽어주지 않지만 도로변 갓길에서 묵묵히 그물망 손질하는 어르신들 등 굽은 모습을 읽다가, 누구도 읽이주지 않는 문장이라도 나에게 위로가 된다면 볼펜 끝 낱말들을 사랑하리라, 가슴에 써본다.

파랑으로 간 빨강
- 토문재 3

여름의 빛

한 장 한 장 바다 위로 빛 조각들이 떨어지는 오후 2시. 한 뼘 한 뼘 대죽리 대섬(죽도) 바닷길이 열리는 시간이기도 하다. 저쪽 대죽 조개잡이 체험장에서는 굽은 등들이 햇살을 짊어지고 바지락을 캐고 있다. 이곳의 바지락은 맛이 좋기로 유명하다고 해남농산 사장은 말한다.

이쪽 토문재에 입주한 김이정, 이현수, 이후경 작가들과 신비의 바닷길 맨발의 짭조름한 문 열리고 있는 곳으로 들어간다. 찰방찰방 물의 길에는 그림자도 지워진다. 하지만 물길은 녹록하지 않다. 우리들은 뒤뚱뒤뚱 맨발 무료 지압에 들어갔다. 울퉁불퉁 바닷길은 무척 까칠한 성격을 자랑하고 있다. 혼자서는 용기가 없어 물길을 걸을 수 없지만 함께라서 웃음소리가 하늘 위로 높이높이 올라간다. 보라, 민트, 빨강 삼색 양산이 부딪치며 파도에 묻히고 대섬 길 환하게 열렸다.

바람이 바다를 건너온다. 바람을 맞이하며 대섬 나무 그늘에 앉아 바닷길을 걸어온 거리만큼 서로 다른 색으로 글을 쓰는 모습을 생각하니 참 아름답게 느껴졌다. 구름은 무럭무럭 태어났다 사라지고 갈라진 바닷길 사이로 쓰는 바다 책갈피 속 작가들의 오늘만은 작가가 아닌 작품 속 주인공인 듯하다. 나도 작가들 작품 속 한 줄을 장식하고 있었다. 어깨와 손끝으로 대화하면서.

국립해양조사원에 의하면 우리나라에 바닷길이 열리는 섬은 열네 곳으로 실미도(인천), 선재도 목섬(옹진), 소야도(옹진), 제부도(화성), 웅도(서산), 무창포(보령), 하섬(변산반도), 화도(신안), 대섬(해남), 진도, 서건도(서귀포), 우도(고흥), 소매물도(통영), 동선(진해) 등이 있다고 한다.

 대섬은 사리 때만 바닷길이 열리는 곳이다. 섬과 섬 사이로 지는 일몰이 아름다워 사진 찍기에 좋은 장소이기도 한 여기, 우리가 잠시 풍경이 되었다.

 바다 생물들이 꿈틀거릴 밀물의 시간을 가늠하면서 석화 껍질 사각거리는 바닷길을 나온다. 물이 차오르듯 우리들의 새로운 단어와 문장도 함께 출렁거렸으면 좋을, 발자국으로 꾹꾹 새기며 걷는 그때, 시원함을 가장한 바람은 김이정 작가의 빨간 양산을 데려간다. 파랑 타고 간 빨강은 색이 빠지면 어느 항구에 닻을 내릴까. 바람이 전하는 깊이를 몰라 파랑으로 미끄러진 빨강에 대책 없어 그저 멍하니 바라만 보는 김이정 작가의 모습 또한 수채화 한 폭이다.

 잠시 내 것이었을 뿐 내 것이 아닌 것들은 그렇게 떠나가는 듯하다.

 빨강도 그대처럼.

죽도 바닷길

툇마루에 앉아서
- 토문재 4

 아침 방파제에 산책을 나간다. 벽화마을 주민의 시어들이 하얀 담벽에 담쟁이넝쿨처럼 딱 달라붙어 가는 길을 붙잡는다. 이 벽을 꾸미기까지 박병두 촌장의 노고를 하얀 담장들이 말해주고 있다.

 난초실 바로 옆 토문재 북카페로 출근한다. 에어컨 대신 자연의 바람이 좋다. 방충망 사이로 사방에서 불어오는 바람이 가을을 알리는 듯 신선하다. 카페에 앉아 바라보는 파랑의 바다가 마음을 설레게 한다. 바람에 살랑대는 처마 밑 풍경소리는 점심을 준비하는 압력밥솥 추 흔들리듯 요란하다.

앞마당 녹색의 잔디와 눈 맞추고 있는 배롱나무 홍자색 꽃망울들이 자꾸 유혹한다. 함께 놀자고 그늘이 되어주겠다고. 그러나 함께 놀기에는 햇볕이 따갑다.

나에게 북유럽 마지막장이 될 뭉크미술관을 정리한다. 한가람 미술관의 뭉크 작품을 관람하고 쓰다 보니 늦어졌다. 뭉크미술관에서 다 보고 오지 못한 작품들과 한가람 미술관에만 전시된 작품들의 색다름이 있다.

잘 익은 무화과 열매를 일곱 개를 땄다. 입주 선생님들과 나눔에 뿌듯하다. 촌장님이 심고 자연이 열매 맺어준 무화과가 달콤하다.

바람이 너무 좋아 툇마루에 앉아 윤슬로 가득한 바다를 읽다가 맑아진 눈으로 조용미 시인의 시집 『초록의 어두운 부분』을 읽는다. 툇마루는 방이나 마루 바깥에 붙여 꾸민 좁은 마루로, 고주와 평주 사이 툇간에 놓인 마루를 말하는데 한옥이 주는 여유와 그리움이다.

어릴 적 고창 고향집 툇마루에서의 추억이 새록새록하다. 엄마는 툇마루에 누워 어린 나에게 흰머리를 뽑아달라고 하시면서 한 개 뽑으면 1원이니까 많이 뽑아야 용돈이 많아지겠지. 조금 자라서는 한 개에 10원으로 타협하시던 엄마가 생각난다. 그러고 보니 참 젊은 나이에 엄마는 흰머리가 많았던 것 같다. 딸이라서 부탁할 수 있었던 엄마의 마음을 엄마 나이가 되어보니 알겠다. 살갑지 못한 딸, 투정만 부린 딸로 지금의 나를 아프게 한다. 나는 그렇게 흰머리를 뽑아달라고 부탁할 딸이 없다. 그때는 왜 그리 흰머리 뽑는 게 싫었을까. 한창 뛰어놀고 싶은 철없는 나이에 엄마의 흰머리는 짜증이었던 것 같다.

나에게 툇마루는 고향이고 그리움과 애틋함이다. 툇마루에 앉아 추억을 소환해 보는 게 살면서 얼마나 될지 모르겠지만 이곳에 머무는 동안에는 자주 툇마루에 앉아 바다를 읽고 바람이 쓰고 가는 계절을 느끼며 지내야겠다.

송호해수욕장까지 걷는다. 지난날 그 길 따라 사부작사부작 걷는 산책길이 덥다. 붉은 칸나 여전히 그 자리를 지키고 있다. 편의점에서 생수와 두부를 사서 돌아오는 길 노점의 고구마와 무화과를 판매하는 해남농산 가게에 들러 고구마를 산다. 그런데 3년 전의 나를 알아보다니 고맙고 반가웠다.

"그때 그 작가님이시네요. 얼굴이 좋아 보여요. 살도 좀 찐 것 같고요."
"네, 어제 왔어요. 저를 기억하시는군요. 감사합니다."

그러면서 풋고추 한 줌을 준다. 풋고추 같은 싱싱함이 전해져 진한 울림이 왔다. 시골의 인심을 주머니에 담는다. 푸짐한 오늘이다.

노을이 아름다운 송종리 마을 앞바다 지는 노을 따라 방파제로 달려간다. 어둠이 몰려올 때까지 바다는 나를 붙잡고 놓아주지 않았다.

생의 춤 '뭉크미술관' 　토문재 앞 밤바다

호박과 커피
- 토문재 5

 매일 똑같은 시간에 똑같은 자리 카페로 나온다. 겨우 열 발짝이면 되는 옆 난초실에서 출근하는 직장인처럼 동네 한 바퀴 돌아서 온다. 푸른 바다가 보이고 갓길 무더기로 하얀 나팔꽃이 합창하는, 이슬 머금은 채 수줍게 웃고 있는 빨간 고추들이 수확의 손길이 필요하다고 눈 흘기는, 가을이 오고 있으니 어서 붉은색을 입혀달라고 손짓하는 감나무 주렁주렁한 감들에게 눈 맞추며 온다.

 카페 창가에 앉아 있으면 마음은 이미 바다 위에 떠 있다. 이 풍경을 두고 노트북 모니터와 눈싸움할 수 없지, 하는 생각에 해찰을 하다가 마트에 가기 위해 송종 마을회관 버스정류장에서 군내버스를 탄다. 10분 안에 도착하는 산정 마을 가는 버스 안에서 잠깐, 기사님과의 인사가 무안하다.

 버스 안 승객들이 많다. 몇 자리 없어 등 굽은 어르신들 타면 앉으라고 그냥 서 있는데 기사님이 먼저 인사를 한다.

"장 보러 가시나요?"
"네! 안녕하세요."
"얼굴에 작가님이라고 쓰여 있어요."
"제가요? 감사합니다."

 달라 보이는 건 없다. 다만 자주 이용하는 마을 승객이 아니라서, 토문재 입주 작가들이 마트에 다닐 때 버스를 이용하다 보니 짐작으로 하는 말 같다. 손님을 기분 좋게 하는 기사의 인사에 고마움과 함께 그냥 부끄러웠다.

 날마다 쉬는 시간, 날마다 노는 시간, 날마다 휴식 시간, 날마다 재미없는 시간, 혼자 놀기 좋은 시간. 며칠

씨름하다 마지막 '나에게 북유럽'을 마무리하였다. 뭉크의 작품이라 쓰는 게 조심스럽고 쉽지가 않아 망설이다 그냥 오슬로 뭉크미술관에서 찍어온 작품을 정리해 보았다. 30분마다 열리는 「절규」의 세 가지 버전을 다 감상할 수 없었던 아쉬움의 넋두리로 마무리한다.

 생각을 집어넣는다는 것. 마음을 꺼내본다는 것. 복잡한 것을 집어던지고 땡볕에 나간다. 사전에서 '어슬렁거리다'의 뜻은 '큰 몸을 이리저리 흔들며 계속 천천히 걸어 다니다'로 나온다. 몸을 이리저리 흔들며 걷기에는 위험한 찻길이다. 인도가 없고 보길도와 땅끝을 오가는 차들이 씽씽 무섭게 달린다.

 천천히 걷다 도로변 옆 창고 앞에서 참깨를 털고 있는 어르신을 만났다. 오전에 마트 갈 때 송종 버스정류장 앞에서 뵌 분이다. 등 굽은 몸으로 유모차를 끌고 마을 노인정 가실 때 인사하였는데 구부정한 어깨가 쉴 틈을 안 준다.

 도로변 갓길까지 뻗은 호박 줄기와 여린 호박들 주렁주렁 매달려 있다. 참 예쁘다. 이곳에 온 후로 농사짓는 분의 노고와 자연이 키운 농작물을 볼 때마다 매번 무릎을 낮추고 있는 나를 보게 된다.

둥그렇고 예쁜 호박 한 덩어리를 그냥 주신다. 가격을 지불하겠다고 하여도 극구 사양하여 마음이 무겁다. 어렵게 농사지은 걸 그냥 받아도 되는 건가? 그렇다고 어르신의 깊은 마음을 저버릴 수는 없고, 더위와 씨름하는 모습에 감사의 마음으로 시원하게 드시라고 카페에서 시원한 딸기 음료와 냉커피를 사서 들고 다시 갔다.

이 더위에 왜 다시 왔냐고 하면서 『표준국어대사전』에 없는 말로 표현하자면 질색팔색이시다. 나는 감사의 마음이 서랍에 가득 찼다고 생각했는데 조금 전 것보다 훨씬 큰 또 다른 호박 한 덩이를 덥석 안겨준다. 난감했다.

수고로움이 가득한 호박과 손쉽게 뽑아낸 커피의 무게와 질량의 간극에서 순간 멈칫했다. 비교할 수 없는, 비교되지 않는 그분의 고마움을 내 마음 서랍 안 깊숙이 넣어둔다.

무화과 주막
- 토문재 6

  방파제로 아침 산책을 나간다. 마을 옥수수밭 정리된 밭두렁에 엉덩이를 하늘로 치켜들고 무엇인가를 심고 있는 호미처럼 굽은 허리 둘. 그 뒤를 이어서 무릎은 황토 땅에 부딪히며 바스락거리는데 엉금엉금 기어가며 마늘쪽을 심는다. 밭은 숨소리에 길 멈추고 바라보다 한쪽 끝이 아려오는 억척같이 살다 간 엄마를 본다. 아픈 무릎을 어찌지 못하고 절뚝이면서 일 하시던 엄마 모습이 꼭 저랬다. 다정스러운 말 한마디 건네지 않고 살아온 참 냉정한 딸이었던 나는 여기서 무엇을 말하고 싶은 걸까.

이 넓은 땅 새벽부터 시작해도 끝이 없는 밭일. 무릎이 다 닳아 두 번의 인공관절 수술 그러나 쉴 수 없는, 아니 땅을 놀릴 수 없어서 움직일 수밖에 없는, 자식들은 자꾸 쉬라고 하는데 일이 뼈에 박혀 일하지 않으면 더 아프다고 한다. 이게 시골 사는 농부의 일이라고 담담하게 말하며 나팔꽃같이 웃는 모습에서 그윽함과 환함이 교차한다.

"여그는 마늘 심고, 쩌그는 양파 심고 이 짝은 배추 심을 거여."
"이 밭 말고 다른 곳에 밭이 또 있제."
구수한 전라도 사투리로 아침을 연다.
"땅 부자에 시골 갑부시네요."
"땅 부자? 갑부? 뭔 소리여! 땅이 많으면 할 일 많아지니 일부자이지라우. 일 갑부랑께."

 밭을 놀릴 수 없으니 농사짓다 세상 뜨는 게 시골의 삶이라 한다. 잡풀처럼 구멍 송송 난 고구마 순 잎은 약을 치지 않아 지랄맞게 생겼지만 해풍으로 고구마는 맛이 있다고, 다른 밭에는 애플 고구마를 심었단다. '애플 고구마', 처음 들어보는 이름이다. 애플 고구마에서는 세 가지의 맛이 난다고 한다. 단맛, 짠맛이 난다고 자식들이 먹어보았더니 그렇다고 한다. 그러나 한 가지 맛은 기억이 안 나 잘 모르겠다고 하니 나는 그 맛이 궁금하여졌다.

활짝 문 열린 창고 안에서 어망 손질하는 소란스러움을 지난다. 초록의 고춧대 사이 붉어진 고추를 따면서 모기떼와 맞짱 뜨고 있는 고추밭 주인의 혼자 넘는 시간은 바깥을 닫아 건 고요와 고추를 들여다보는 침묵의 시간이다. 해뜨기 전 폭염을 피해 새벽부터 하루를 여는 사람들 곁으로 들어가다 보면 왠지 그들에게 나의 어슬렁거림이 미안해지기도 한다.

난초실 앞의 아침은 이불을 널어놓기 좋은 햇볕이다. 한여름 날의 열기는 아니지만 그래도 뜨겁고 덥다. 답답함을 가장하고 북카페로 나와 노닐다 해가 남쪽으로 이동하면 난초실 앞은 그늘지며 선선한 바람이 불어온다. 바람의 뼈를 붙잡아 놓고 싶지만 바람은 살을 찾아 자꾸 멀어져 간다. 그럴 땐 후덥지근한 열기가 툇마루를 덮쳐오지만 파랑의 바다가 토닥거려 준다.

툇마루에 앉아 고재종 시집 『독각』을 읽는다. "불교

에서 붓다의 가르침을 듣고서 목적지에 도달하는 성문과는 달리 자신의 노력만으로 깨달음을 얻은 자. 독각은 전지전능하지도 않고 남을 깨닫게 할 수 있는 능력도 없으므로 완전한 부처와는 구별된다."라고 백과사전은 『독각』을 설명한다.

시인은 '폭우에 생체로 찢긴 석류가지들 중 남은 가지에 터진 석류 속 맑고 붉은 보석들이 독각의 사리'라 표현한 시어가 '눈으로 읽는다'와 '마음으로 본다'는 것, '눈으로 본다'는 것과 '마음으로 읽는다'는 것을 생각하게 한다.

툇마루 끝에 목줄 단 풍산개 재돌이가 나와 눈 마주칠 때마다 함께 놀자고 자꾸 짖어대며 고요를 깬다. '재돌이'는 토문재의 '재'에서 지어진 이름이다. 진돗개 '토순이'는 작년에 새끼를 낳다 죽었다고 한다. 인송정 아래 '문돌이'는 촌장님바라기다. 촌장님이 나타나면 어쩔 줄 모르는 재돌이의 춤사위는 보는 즐거움을 준다.

오전의 시간을 끌어모아 툇마루에서 놀다 노역을 마

친 해가 취해서 벌겋게 달아오른 얼굴처럼 발그레 녹슬어 가는 시간쯤 카페에서 아이스커피 두 잔을 사 들고 '해남농산'에 간다. 어제 부탁해 놓은 '삼치'를 가지러 왔다.

'무화과 주막'. 나는 이곳을 이렇게 부른다. 본업인 고구마와 무화과 판매보다 주변 공장 사장들의 사랑방이자 주막의 주모 같다. 어제와 똑같이 언제 시작되었는지 모르지만 소주잔이 오가고 안주로 차려진 전복과 갓 잡아 삶은 문어에 잔을 건넨다. 나눠주고 베푸는 시골의 인심에 거절할 수 없는 그 무엇에 나를 돌아보게 하는 순간이다.

함께 어울린다는 것에 익숙하지 않은, 혼자 넘는 시간을 살아온 나는 이곳에서 많이 유연해지고 있다. 김 공장 옆집 젊은 아이 엄마의 구수한 남도 창 한가락 뽑고 간다. 트로트 가수 아들의 노래를 들려주는 사장이 자랑하며 오전에 잡아 온 삼치회를 먹고 가라고 한다. 술도 회도 먹지 못하는 나는 삼칫값을 지불하고 붙잡음을 뒤로한 채, 돌아서는데 사장의 정성이 담긴 시골집 된장을 준다. 돈으로 지불할 수 없는 사장의 마음을 또 그렇게 받고 말았다.

 오전에 조업하여 싱싱한 삼치는 간장 세 스푼과 고춧가루 한 스푼만으로도 맛이 있다. 재료가 좋아 싱싱한 본연의 맛은 설명이 안 된다. 사장의 시골 된장 또한 설명되지 않는 맛이다. 이곳만의 정서가 깃든 이곳에서 느낄 수 있는 따뜻함이 내 마음을 울린다.

 매주 금요일 저녁은 입주 작가들과 만남의 시간이다. 눈썹달 마중 나갔다 돌아오니 막걸리 파티가 시작되었다. 조금 전에 사 온 삼치 호박 조림 한 접시를 막걸리 안주로 드밀고 나는 정찬·김영래·이윤협 작가들의 시간에서 물러선다.

시인은 문밖에 소설가는 문 안에 있다
- 토문재 7

어제도 오늘도 시인은 외출 중이다.

무더위를 뚫고 두 발로 시 쓰러 갔나 보다. 댓돌 위의 신발이 부재중임을 알린다. 그가 쓰는 시는 신발 밑창이 닳아서 쓴 시라 발끝에서 오는 큼큼한 향기로 퍼질 것이다. 폭염주의보에도 어쩌지 못하듯 열정으로 쓰는 시라서 칸나의 붉음을 닮은 선홍의 피가 뚝뚝 떨어지는 시를 마음 밭에 심을 것이다.

오늘도 내일도 소설가는 칩거 중이다.

많은 말들을 밤으로 올리고 낮으로 밀리는지 댓돌 위 신발이 존재함을 확인해 준다. 각을 세우고 면을 깎아 내며 컴퓨터 자판기의 엔터와 딜리트의 무한 반복에서 오는 고뇌를 토문재 처마 끝 풍경에 매달아 놓고 싶지 않을까. 오늘은 어떤 단어를 빼고 내일은 무슨 문장을 넣어야 할까 고심하는지 몸살 앓는 폭염이다.

어제도 오늘도 내일도 나는 외출과 칩거 사이에 있을 것이다.

스스로에게 시인이자 여행가라 명명하면서 쓰지 못하는 시를 위해 제대로 된 여행을 하지 못하는 여행을 기다리며 오전과 오후를 자른다. 그래서 나는 문밖에도 문 안에도 머물지 못하는 어중이떠중이로 마당과 댓돌 사이, 댓돌과 툇마루 사이, 툇마루와 방문 사이에 걸터앉아 있다. 진초록의 팔월과 붉은색을 입는 시월에 낀 여름도 가을도 아닌 구월처럼 내가 넘어야 할 사이가 참 많다.

풍산견 재돌이의 배웅받으며 산정 오일장에 간다. 시 쓰러 가는 걸까 여행기를 쓰려고 가는 걸까. 댓돌 위에 신발의 부재를 알리는 시어가 왔으면 좋겠다. 그러나 나는 내가 참 복잡하고 어렵다.

> 횡단보도에서 끼어든 자동차가 빨간 신호등으로 뛰어든다
> 뭉개진 직선들
> 한 번도 넘긴 적 없는 페이지에서 선글라스는 탈출구를 찾는다
> 부유하는 색깔들, 거짓말을 하는 눈동자
> 오늘의 날씨는 구름을 모으고
> 빨간 신호등은 푸른 동그라미로 무너진다
> 도로를 따라 길어진 그림자
> 어두워지는 도로 위로 목줄 풀린 개 한 마리 횡단보도를 가로 지른다
> 사방으로 튀는 말은 붉은 립스틱을 찍어 바르고 신호등은 멈칫, 개들의 안부를 묻는다

모든 사라진 것들은
뒤에 여백을 남긴다* - 토문재 8

마른 땅이 파인다. 황토 땅 붉은 눈물 쏟아붓는다. 한여름의 열기 식히는 낙숫물이 연주하는 처마를 바라보며 연이틀 교향곡처럼 들었다.

비 온 뒤의 하늘은 청명하다. 하루 사이 가을바람이다. 카페에서 울리는 피아노 선율로 아침을 여는 심은석 시인의 「비목」과 '아르헨티나 영화 OST'가 주는 울림은 가을의 시작을 풍요롭게 한다. 신선한 공기와 버무려진 음악은 가슴 저미는 슬픔이 있고 마음을 여는

---

* 고정희 시 인용.

아름다움이 있다. 오랜만에 듣는 「비목」은 왠지 모를 아련함에 잠시 기둥에 기대어 가사를 음미해 본다. 시인은 피아노 칠 줄 모른다는 겸손함을 건반으로 누르고 나는 마음으로 음표를 그리고 바람은 선율을 필사한다.

선선한 공기와 따가운 햇볕 그 어디쯤 머물고 있을 여름과 가을 사이에 문학기행을 간다. 입주한 이윤협·김영래·최찬희·심은석 작가들과 박병두 촌장이 이끌고 가는 땅끝의 바람은 뼈와 살을 모아 가을을 익히고 있다. 모종한 지 얼마 되지 않은 것 같은데 제법 진초록을 자랑하고 있고 배춧잎, 부끄럼 많아지는 고개 숙인 누런 벼, 폭우가 던진 잔해로 쓰러진 벼들과 한층 높아진 하늘 구름 떼어내어 머리에 꽂으면 나도 구름처럼 흘러갈 수 있을까. 그곳으로.

지리산 등반 중 실족사한 고정희 시인 생가다. 3년 전 땡볕을 머리에 이고 아스팔트 길 걸어서 왔던 길 오늘은 편안하게 왔다. 고요함이 오전을 삼키고 있다. 새로 생긴 정자와 허물어진 담장, 컹컹 짖어대던 강아지와 마루에 앉아 방문객을 맞이하던 시인의 올케는 보이지 않고 담장 벽화 속의 강아지만 반긴다. 3년간의 빈 시간을 그려본다. 이 대문 안과 밖의 문인들과 고 시인을 사랑한 수많은 독자들이 다녀갔을 것이다.

 대문 뒤 벽면에 동판으로 새겨진 시「모든 사라지는 것들은 뒤에 여백을 남긴다」의 일부다.

> 오 모든 사라지는 것들 뒤에 남아 있는 / 둥근 여백이여 뒤안길이여 / 모든 부재 뒤에 떠오르는 존재여 / 여백이란 쓸쓸함이구나 / 쓸쓸함 또한 여백이구나 / 그리하여 여백이란 탄생이구나

 고뇌에 찬 고 시인의 사진 한 장이 한쪽 벽면을 차지하고 있는, 마치 운명을 예고한 듯 머릿속이 뒤숭숭하여 돌아선다. 어떠한 기록도 남기지 않은, 묵언의 대화로 애도하며 여백으로 남고 싶은 나와는 달리 심은석 시인은 늘 평온하라는 흔적을 방명록에 남긴다.

> 나도 너로부터 사라지는 날 / 내 마음의 잡초 다 스러진 뒤 / 네 사립에 걸린 노을 같은, 아니면 / 네 발 아래로 쟁쟁쟁 흘러가는 시냇물 같은 / 고요한 여백으로 남고

싶다 / 그 아래 네가 앉아 있는

 김남주 시인의 생가다. 굳게 닫힌 문은 마치 시인의 삶 같아 마음이 뒤숭숭하다. 작은 정원에 시인의 흉상 앞 누군가 놓고 간 듯 마른 꽃 몇 송이 치우고 옆에 핀 백일홍 한 송이 꺾어 흉상 앞에 올려놓는다. 저항시인이 투옥하고 있을 때를 형상화한 듯 한쪽 교도소 같은 작은 창고를 빙 둘러 시어들이 자리를 빛내고 있다.

 우수영 법정 스님의 생가는 3년 전 땡볕 들이받으며 빈 골목을 헤매었던 기억들이 새록새록 기억난다. "무소유란 불필요한 것을 갖지 않는 것."이라 스님은 말한다. 필요한 것과 불필요한 것 사이에서 나는 또 헷갈리기 시작한다. 나에게 필요한 것은 무엇이며 불필요한 것 또한 무엇이란 말인가에 골몰하다 그만 빈 하늘만 바라보다 스님의 뒷모습 따라 나도 뒤돌아선다.

 국밥 한 그릇 비우고 심은석 시인이 떠난 뒤 화원반도 에돌아 다시 송호해변이다. 어제와 같지는 않지만 아직도 태양은 따갑다. 송정실에 새로 입주한 『산중일기 초』의 최찬희 작가와 사박사박 모래 알갱이 같은 마음 둘 발바닥에 새기며 걷는다.

 저녁노을과 걷던 모래 길. "바다가 발설한 빛의 언어를 받아 적는다."라고 한 홍일표 시인의 시어를 생각하며 혼자서 잘 놀았던 노을빛의 해변. 오늘은 둘이서 달려오는 파도의 푸른 힘을 따라가고 있다. 이처럼 사소한 것들이 사소하지 않은 오늘로 기록될 수 있는 찬희 작가의 부드러운 손길에 고요가 내 안에 왔다. 이제는 내 삶에 어두운 해변을 더듬거리며 걷지 않아도 될 것 같은.

추자도 신양항

# 제3부
섬·섬·섬

기억에 없는 나를 지우며 걸었다
길은 엄숙하였다
마른 헝겊처럼 펄럭이는 바닷바람에
따뜻한 이름 하나 쓰고 간다

백 년의 숨결 천 년의 입맞춤
- 소록도

녹동 버스터미널에서 택시로 10분이면 도착하는 곳. 그 옛날 녹동항에서 배를 타야만 들어올 수 있었던 뱃길. 스무 살 적 시간의 길 거슬러 왔다. 2009년 소록대교 개통으로 자동차가 대신한다. 중앙공원으로 가는 입구 데크 길 덩그러니 나그네를 기다린다.

자녀들 감염을 우려하여 병사 지대 부모들은 아이를 키울 수 없었고, 감염되지 않은 가족과 이 선을 경계로 한 달에 한 번만 만난다고 한다. 길 양쪽 펼쳐진 소나무들은 그때 그 슬픈 상봉을 기억하고 있을까?

이 슬픈 광경을 목격한 사람들이 "근심(愁)과 탄식(嘆)의 장소(場)."라고 하여 붙인 수탄장 표지판이 쓸쓸히 서 있다. 삶은 우리 모두에게 공평하지만 그 삶에 어떤 방향성과 윤곽을 부여하고, 어떤 무늬를 새겨 넣을지는 개개인의 의지와 역량이라 한다. 그러나 그 공평한 삶, 윤곽조차 잡을 수 없이 삶을 살다 간 한센병 환자와 자식들 운명이 수탄장에 녹아 있는 한 장의 사진이 주는 울림은 아프게 폐를 찌른다.

 어릴 적 피부병 약을 팔러 우리 집에 왔던 한센인을 기억한다. 손가락은 뭉개지고 입은 비뚤어졌으며 머리숱이 없던, 한두 개의 손가락으로 약을 팔던, 그러나 진물이 나지 않아 병이 옮겨지기 않으니 염려하지 말라던 그 목소리, 엄마 뒤에 숨어서 훔쳐보던, 생생하게 그려지는 기억 하나가 언뜻 떠오른다.

 적당한 더위와 태양 빛에 익어가는 바다는 더욱 파래지고, 무엇에 실려 여기까지 밀려왔는지 모를 파도처럼 나도 여기서 철썩이고 있다. 지붕 없는 미술관 영흥도를 다녀왔다고 한마디 거들고 있는 관광객 한 분과 앞서거니 뒤서거니 애환의 추모비 비석을 지나고 멀리

소록대교가 하늘과 맞닿아 출렁이는 모습이 보인다.

 그렇게 들어선 한센병박물관 왼쪽엔 아담하게 차려진 '아기 사슴' 카페가 있고 오른쪽으로 들어서면 박물관 직원이 인사한다. 국립소록도병원 한센병박물관은 2016년 5월 17일 소록도 자혜의원 개원 100주년을 기념하여 세워졌으며, 칠월에 정식으로 개관한 박물관이다. 한센병 자체를 다루는 박물관으로 전 세계에서 유일한 곳이며, 소록도의 역사와 자료들을 잘 모아둔 곳이다. '백 년의 숨결 천 년의 입맞춤' 박물관을 감상하고 나오면 매주 수요일에 보내준다는 엽서가 있어 나에게 엽서를 쓴다. 출입구 옆에 아담하게 붙어 있는 빨간 우체통에 넣고, 박물관을 홱 외돌아 중앙공원으로 간다.

 친절한 해설사가 혼자 온 나를 위해 해설을 자처한다. 모르고 스쳐 지나갈, 눈도장만 찍고 지나쳤을, 사진 한 장 남기면 그뿐일 여기서 나는 운 좋게 해설사의 뜨거운 열정과 만나 일제에 의해 한센인의 인권이 유린된 깊이까지 듣게 되는 행운을 얻었다. 감시실과 단종실 건물 안에 들어서면 저절로 숙연해진다.

수탄장   감시실과 단종실

  그곳을 지나 중앙공원으로 들어서면 아름다운 곳이지만, 공원 곳곳 한센인들의 피눈물이 서려 있어, 그냥 예쁘게 바라볼 수가 없다. 오래된 수종 태산목들은 예쁘고 아름답게 단장하고 반기지만, 올곧게 서 있는 그 이면에 숨은 한을 어찌 감추고 있을까? 우리에게 해주고 싶은 말은 무엇일까? 한하운 시인의 시비가 기록되어 있는 돌은 '사토' 간호사가 한센인들을 채찍으로 때려가며 옮겨놓은 돌이라 한다. 죽어도 놓고 죽자고 하던 의미에서 '죽어도 놓고' 부르는 바위가 안타까운 한센인의 역사를 말하고, 그런 흔적이 공원 곳곳에 널려있다.

  풋풋했던 이십 대의 여고 동창 숙녀들과 함께했던 해수욕장의 모래 알갱이를 추억하며, 오늘 나 홀로 나이

쫌쫌히 먹은 아줌마가 되어 바라보는 소록도 해변, 모래는 그 세월의 더께만큼 파도에 휩쓸려 가고 자갈들이 부스럭거리며 역사의 한 자락 내 갈비뼈 사이로 흘러내리는 시간 속, 가도 가도 천 리 길 전라도 그 황톳길은 없지만 「보리피리」 한하운 시인을 생각나게 하고, 오마도 간척 사업을 소재로 한 『당신들의 천국』이 청준 작가를 그립게 하는 여기에서 슬픔의 시작과 끝을 본다.

 소나무 길가에 쪼그리고 앉아 버스를 기다리다 오지 않는 버스 대신 택시로 녹동항 인공 섬으로 왔다. 피서 철이 지나간 자리는 한적하다 못해 고요하다. 아무도 없는 인공 섬에서 난 주인이 되어 금방이라도 바다로 뛰어갈 듯한 사슴 가족 모형 공원에서 갯 내음에 스며들다 뱃고동 소리를 뒤로하고 녹동 버스터미널로 향했다.

 소소한 여인이 왔다 간 자리에도 소소한 사연이 쌓여가기를 바라며 걷는데, 정자 위에 어르신들 터미널 가는 길을 물으니 "쬐끔만 가면 되는디요."의 '쬐끔'의 단위를 가늠할 수 없고 날은 덥다. 터미널은 멀기만 하다.
 그 옛날 한하운 시인도 소록도 오는 길이 이랬을까.

유배지의 꽃 『자산어보』
- 흑산도

 몸은 검은 흑산에 살았지만 마음은 하나로 돌아가는 현산에 살았다는 손암 정약전 유배지 흑산 가는 길은 소금기가 목구멍까지 가득했다. 홍도에서 축축한 구름 한가득 끌고 와 부려놓은 흑산항은 많이 어둡고 묵직하다. 30여 년을 짓누르고 있던 나의 과거가 이러했을까. 그 어둠 속에는 무엇이 도사리고 있을까.

 흑산도는 동백나무, 후박나무가 우거져 멀리서 보면 산이 푸르다 못해 검게 보인다 하여 붙여진 이름처럼 섬 전체가 산지로 이루어져 있다.

흑산항에 입도하니 일주 여행 관광버스 기사가 인사한다. 대형 관광버스가 아닌 홍도 숙소 사장이 예약해준 중형버스에 탑승하니 기사의 구수한 전라도 사투리를 따라 자동차 바퀴는 굴러가고 '진리지석묘군'과 '진리 성황당', 그리고 멀리 '배낭기미해수욕장'이 차창 밖으로 쓱 지나간다.

 걸어야 만질 수 있고, 걸어야 비릿한 갯내 한 움큼씩 주머니 속에 담아올 수 있겠지만 여행사를 통해서 온 마음 급한 여행자들과 함께하는 일정은 늘 바쁘다. 오늘처럼 버스 투어를 여행자들과 함께 할 때는 내가 여행지에서 보낸 말들이 둥둥 떠다니다가 어딘가에 고여 도착할 수 없다는 걸 잘 알았다. 그래서 혼자이길 좋아한다. 혼자여야 내가 나를 마주할 수 있을 테니까.

 마리재 넘어 '한반도 지도바위'에서 잠시 멈춘 차 안에서 바라보는 바위는 한반도 모형이자 조금 돌아서 보면 홍어 모형으로 바뀐다. 바위에 한반도와 홍어가 함께 공존하는 모습에 어제로부터 떠나온 나의 불안이 잠시 주춤하는 시간, 오늘로부터 떠나가는 기록들이 바다 수면에 반짝인다.

사리마을의 옛 이름은 '모래미'다. 마을 입구서 달리던 버스가 멈춘다. 고장 난 버스는 정비기사가 올 때까지 기다려야 한다고 했다. 도로변에는 멸치들이 곳곳에서 일광욕 중이었다. 이 마을은 멸치가 특산물인가 보다. 누군가는 멸치액젓과 다시마를, 누군가는 마른 멸치와 톳을 구입하고, 누군가는 목포로 나가는 배 시간이 걱정되어 조바심을 내고, 누군가는 배고프다는 아우성치는 속에서 나는 홀로 물고기 솟대를 따라 유배문화공원으로 들어섰다.

 정약전이 7년을 살았던 사리마을. 정겨운 돌담길 따라 옛 모습 그대로 복원해 놓은 사촌서당(복성재) 마당에 들어서니 그때의 아이들이 아글아글 글 읽는 소리가 들리는 듯해 귀 기울여 본다.

 흑산도에 천주교가 유래된 것은 정약전이 1801년 신유박해로 유배를 오면서 지역민들에게 전교한 것이 시초라고 한다. 벽면을 벽돌이 아닌 바닷가 몽돌로 치장한 흑산 사리공소의 녹슨 종이 성당 역사를 전한다.

 흑산도 어부 장창대 도움으로 완성된 『자산어보』는

'흑산도 연해의 물고기 사전'이다. 완성 2년 후 정약전이 유배지에서 숨을 거둬 원고가 유실될 뻔했는데, 형의 집필 작업을 편지로 꾸준히 응원해 왔던 동생 정약용이 제자 이청을 보내서 원고들을 수습한 덕분에 오늘날까지 전해지게 되었다. 『자산어보』는 3권 1책의 필사본이다.

> "바다는 인간이나 세상의 환란과는 사소한 상관도 없어 보였다. 밀고 써는 파도가 억겁의 시간을 철썩거렸으나, 억겁의 시간이 흘러도 스치고 지나간 시간의 자취는 거기에 남아 있지 않았다. 바다는 가득 차고 또 비어 있었다. ~ 마음은 본디 빈 것이어서 외물에 반응해도 아무런 흔적이 없다 하니 바다에도 사람의 마음이 포개지는 것."[*]

 한 마리의 파랑새가 되어 날아간 정약전과 물고기 사전, 버스가 고장 나지 않았다면 그냥 멀리서 스치고 지나갔을 돌담길, 바다로 향하는 마을 길을 걸어 김훈 작가의 작품을 통해 유배의 삶을 다시 생각해 볼 수 있었

---

[*] 김훈 『흑산』 p10~11쪽.

던 시간이다.

 여행자들 모두 떠난 한적하고 고요한 예리마을의 고래공원을 지나 등대로 가는 길 입구 이미자의「흑산도 아가씨」청동상이 수평선을 붙잡고 서 있다. 방파제 끝 등대 앞에 쪼그리고 앉아 바다를 바라보며 멍을 때렸다. 바다는 누군가 읽다 펼쳐둔 잡지책 같아서 아니 내가 쓰다 덮어둔 일기장 같아서 멀리 더 멀리 바라보는데, 바다는 생각을 잠시 버리고, 잃어버리고 놓쳐버린 순간순간의 내 삶을 섬 저편에 묻어두라 한다. 그래 지나간 삶은 소용돌이치지 않게 저 멀리 둬야 하리.

흑산성당 지도바위

섬·섬·섬
- 노화도·소안도·보길도

 섬 속에서 나는 섬 밖, 섬 밖에서 나는 섬 속, 그 하루를 씁니다.

 안개 깊숙이 스며드는 뱃길 따라 노화도 선진항 가는 이곳 경계가 구분되지 않는 해남과 완도 바닷길 그 어디쯤. 그대 얼굴과 얼굴이 흐르고 잠기다가 끊기는 경계의 혼란 속에서 안개 바다는 자꾸 몸 바꾸고 나의 한 시절도 선 긋고 뒤집어 보지도 못한 채 여기까지 왔습니다.

 자가용으로 온 승객들 모두 썰물처럼 빠져나간 선진

항. 텅 빈 부둣가 동천항에 가는 택시를 기다리는 나와 등대 모형의 노화도 안내판은 낯설기 놀이 합니다. 길게 이어지는 뱃고동 소리 끊어질 때까지 오지 않는 택시. 파도는 방파제 철벅철벅 오르내리며 잠시 그대가 다녀갔는지 몸 깊은 곳이 금 가는 소리로 울립니다.

 항일운동 성지, 안개와 고요가 길을 안내하는 가고 싶은 섬 소안군도는 노화도·보길도·횡간도·자개도 등 네 개의 유인도와 여섯 개의 무인도로 이루어진 소안도 태극기가 환영합니다.

 철새 도래지 담수호 위에 뜬 태극기 조형물로 가는 데크는 습도 높은 날씨만큼 아득하게 느껴집니다. 호수를 팔랑팔랑 헤엄쳐 가고 싶은 마음이 동그라미를 그립니다. 태극기 조형물은 가로 18cm 세로 12cm 총 2,420개의 친환경 부표를 사용하여 소안도 브랜드 가치와 깨끗한 바다 가꾸기 운동 목적으로 설치하였답니다.

소안 항일운동기념탑

  달이 떠오르는 길목인 달목공원을 지나 소안 항일운동기념관 가는 이 길에도 눈동자가 없습니다. 소금 바람이 끈적끈적하게 점심을 실어 나르고 내 몸에 엉겨붙어 떨어지지 않는 소금기처럼 맛집 추천받아 간 상록수 식당 자장 면발을 삼키지 못하고 입안에서만 허우적거립니다. 배고플 때 먹는 음식이 최고의 맛, 그곳이 그 지역의 맛집이라던 우도 경찰관의 말이 생각납니다. 분명 배고파 들어왔는데 맛집? 물음표를 남기며 지금 허우적거리는 면발은 무슨 조화일까요.

함경도 북청, 부산 동래와 더불어 항일독립운동 3대 성지로 69명의 독립운동가, 20명의 독립 유공자를 배출하였다는 소안도 항일운동기념관이 눈에 살포시 들어옵니다.

조국 독립과 광복을 위해 목숨을 바쳤던 소안 애국선열들과 그들의 항일투쟁 정신을 역사적 교훈으로 남겨주기 위하여 건립하였다는 기념관입니다. '시대를 넘어 새날을 열다' 문구를 시작으로, 왼쪽에는 항일운동 서훈자 아크릴 판에 청동 얼굴이 열 지어 있습니다. 맞은편에는 당사도 등대 모형이 보입니다.

> "병자수호조약 이후 일본은 자국 상선의 남해 항로를 통해 우리 수산물, 쌀, 면화 등을 수탈하기 위해 당사도에 등대를 설치하였다. 이 등대를 1909년 2월 이준화 등 해상 의병 35명이 습격, 일본인 간수 4명을 타살하고 시설물을 파괴한 의거이다. 수탈의 상징인 당사도 등대 사건은 항일운동이 기폭제가 되었다."[*]

---

[*] 「바다 위에 떠 있는 역사박물관」 소책자.

해무로 가득한 과목 해변 앞바다와 우중충한 하늘과 기념탑이 어우러진 커다란 액자 하나 걸어두고 오던 길에 발가락 물집 터지도록 걷고 달려 동천항행 배를 탔습니다. 노화도와 구도(비둘기가 많아)를 잇는 소안대교를 지나 노화도와 보길도를 잇는 연도교를 건너왔습니다.

 보길도 윤선도 원림은 축제 기간 무료입장이랍니다. 전시관에 들어서면 고산 윤선도의 생애, 세연정의 건축적 의미, 세연정의 '세연'의 의미, 부용동이라 한 연유, 보길 유물전, 시(詩) 어부사시사, 사진으로 보는 신 어부사시사 등 '주변의 경관이 매우 깨끗하고 단정하여 기분이 상쾌해진다'는 '세연'의 뜻처럼 전시관은 흐르는 물처럼 유연하면서 단정합니다.

 후문으로 나오면 세연정 가는 길입니다. 오른쪽 어깨를 돌려보면 해바라기꽃 진 뒤 까맣게 씨앗으로 여물어가고 사이 길 두고 코스모스 바람에 살랑거립니다. 먼 그대. 할 수만 있다면 코스모스처럼 살랑거리고 싶습니다.

초록이 초록을 부릅니다. 흐린 날의 초록은 규격이 없나 봅니다. 정자와 어우러진 소나무와 연잎이 잘 어울립니다. 빛바랜 정자와 바위 색이 하나가 되어 이루어 낸 세연정, 그 누구도 반하지 않을 수 없도록 매혹적인, 눈이 눈을 가리는 풍경입니다.

 간간이 부딪히는 관람객들 사이로 10여 년 전의 내가 지나가고 있습니다. 그때의 나도 그랬지요. 술렁술렁 어떤 기록도 없이 오려내고 싶은 풍경도 없이 구겨진 마음만 가득했던 보길도 여정이었습니다. 보옥리 공룡알 해변에서, 예송리 해수욕장에서, 송시열 글씨 바위에서의 내가 보이는 오늘입니다.

 반나절 리필해서 쓴 택시 기사 기다리는 불편함이 자꾸 헛발질을 해댑니다. 또다시 와도 그 자리일 세연정을 나섭니다.

 그대라는 섬 밖에 나는 섬 속이었으며, 노화도·소안도·보길도 섬 안에 나는 섬 바깥입니다.

낭만에 젖고 싶을 때
- 낭도

 p대장을 비롯한 열네 명의 얼굴들은 어둠 이끌고 밤을 갑니다. 도로는 바퀴 소리를 줍고, 우리는 자동차에 설렘을 달고, 누구도 모르는 저쪽을 향해 가고 있습니다. 여행 장소도 모르고 떠나는, 우리의 인생 또한 이런 것이 아닐까 생각해 봅니다.

 그대들은 지금 어느 계절로부터 왔나요. 서로 다른 계절을 거치면서 마주한 인연들이 쌓여 또 다른 계절을 만나 쓰는 밤의 연서에는 어떤 이야기들이 만들어질까요. 그리고 우리는….

붉게 지는 달이 어제의 마음을 몰고 화포항까지 왔습니다. 바다는 바다의 연대기를 쓰기 위해 바쁘게 어둠을 걷어내고 있습니다. 새벽 공기가 차갑게 휘감기는 바다는 너무 넓어서 적막합니다.

 화포와 우명을 잇는 '어부해안 길'은 공사 중이어서 데크 길을 걷지 못하고 배고픈 고양이처럼 화포선착장을 서성거리다 포근한 바닷가 화포마을의 유래를 읽어봅니다. '화포'는 우리말 이름인 '곶개'를 개명하였답니다. 해안 지형인 곶과 바닷물이 드나드는 개를 꽃의 옛 이름이 곶이라 꽃 화(花) 자로 바꾸고 개는 바닷가 포(浦)를 써서 화포라고 부르게 되었다는 게 안내판 설명입니다.

 일출, 사과처럼 붉게 익어 바다에 떨어진 윤슬 담아 끓인 라면 맛은 p대장의 수고로움에 더해 진하게 타오릅니다. 숙효 친구가 멀리 방파제에 앉아 바다 식탁이 펼쳐놓은 라면 국물 갯바람에 휘휘 저어 한 젓가락이 풍경이요, 그 자체가 풍경화 한 폭입니다.

 쓴다는 것은 나를 벗어나는 일이 아니라 나를 구속하

는 것임을 알면서도 늘 서성거리게 하는, 나와 마주치지 않기 위해 떠나온 오늘이 다시 그 자리가 될지라도 고양이 섬 묘도를 건너고, 낙안읍성을 지나, 여수 야경을 유람선 폭죽에 쏘아 올리며 늦은 밤 낭도에 스며들었습니다.

 낭만 낭도, 섬의 형태가 여우를 닮았다고 하여 낭도라 부른다는 참 고운 이름을 가진 섬입니다. 낙지처럼 꿈틀거리는 어제와 오늘의 경계에서 고량주는 목구멍을 타고 내립니다. 붉은 와인, 검붉은 밤을 달리고 양주잔 건네는 서로의 웃음소리는 어둠 엮어 밤하늘 별빛으로 반짝입니다. 어둠이 쓰는 밤의 연서는 어쩌면 알코올 도수보다 더 진한 사랑으로 가는 시간일지 모릅니다.

 숙소 앞 연분홍 모과꽃과 함께 펼쳐진 바다 멀리 고흥 나로 우주 발사대가 아침을 열고 있습니다. 와인의 깊이도 모르면서 홀짝홀짝 마신 묵직한 몸을 이끌고 꽃들로 봄이 쏟아지는 봄을 걷습니다.

 담벼락을 지키고 있는 푸릇한 마늘잎과 유채꽃밭 싸

목싸목 걷는 섬 산타바오 오거리에서 오른쪽 비탈길을 오릅니다. 멀리 사빈 해변으로 불리는 장사금 해수욕장 반짝이는 모래의 지루함을 달래주듯 파도가 드나들며 나른한 시간을 풀고 있습니다.

 걷기 좋은 둘레 길 사부작사부작 걷다 만나는 달착지근한 찔레꽃 순 맛은 어린 날의 추억을 불러옵니다. 장사익의 「찔레꽃」도 이연실의 「찔레꽃」도 가슴 아린 노랫말이지만 흥얼거리며 걷는 앞 발자국 따라가는 나는 뒤 발자국입니다. 망개 순 휘적이다 망개떡이 그리워지고, 설익은 보리수 텁텁한 맛에 길을 멈추게 하여 남포등대와 눈 맞추게 합니다.

 파랑에 노출되어 암석 해안이 발달해 있다는 신선대 주상절리 암석에 앉아 '100년 전통 낭도 젓샘 막걸리' 한잔 파도 안주 삼아 바다와 건배해 보는 낭만 대신 믹스 커피로 바다를 데워주는 시간입니다.

 낭도 해수욕장 입자 고운 모래 위에 발자국을 남기며

사박사박* 걸어봅니다. 누군가의 목소리가 날 부르는 것 같아 모래 푹푹 빠지는 신발을 건지며 걷습니다. 과자 부스러기처럼, 씨앗처럼 모래를 날리고 있는 아이들 모습이 아름답습니다.

미국인이 사랑하는 화가 101세 모지스 할머니는 『인생의 봄에는 할 일이 참 많습니다』에서 "세상아, 꼬리를 흔들어 대라. 나는 명랑하고 행복하게 살련다."라고 말합니다. 차창 밖으로 스치고 가는 담벼락 따라 '낭도 갱변 미술길'을 바라보며 걷는 길, 모지스 할머니의 그림들과 언어들도 함께 지나갑니다. 낭도에서의 내 인생도 봄날인 거지요.

화포항 일출

---

* 눈이나 모래 따위를 가볍게 자꾸 밟을 때 나는 소리를 나타내는 말.

섬이 왔다, 내 안에
- 가우도

섬이 들어왔다 내 안에 통째로.

질척이는 마음을 지우고, 거추장스러운 입을 거두고, 갇혔던 생각을 밀어내며 들어선 가우도. 바다는 자꾸 흘러내리는 내 눈을 가져가고 갯벌 냄새는 바람이 비릿한 코를 없앴다.

멀리 청자 도자기 모형 청자타워 짚트랙 출발지가 숲에 가려 가물거리는, 가끔씩 몰려왔다 몰려가는 소란을 통과한 속도 뒤에 침묵이 왔다. 그렇게 가우도가 내 안에 들어왔다.

전혀 출렁임이 없는 길이 438m의 저두 출렁다리를 건너니 섬의 생김새가 소(牛)의 멍에에 해당된다고 하여 '가우도(駕牛島)'라고 부른다는 안내판의 왼쪽으로 데크 길이 있었다. 거기에 밀물에는 물 위에 떠 있고 썰물 때는 육지로 올라온다는 두꺼비 바위가 있었다. 사랑을 이루어 준다는 신비한 바위 앞에서 마주한 여행객이 사진을 부탁한다. 렌즈에 담기는 게 둘이어서 행복해 보이고 혼자가 아니라서 투정도 사랑이 되는 두 사람이 아름답고 부럽다.

 무감정이 내 눈을 찌르는 사이로 '시(詩) 영랑나루 쉼터'에서 청동의 영랑은 바다를 등지고 앉아 잃어도 기다려야 하고 기다려도 잃어버리는, 오지 않는 그 누군가를 기다린다. 오늘은 내가 기다림의 모란 되어 아픔으로 깨진 시간을 어루만진다.

 섬은 나를 품었고 길이 716m 망호 출렁다리는 바다를 가졌고 하늘은 바다를 담아 구름을 만지는 오월의 끝자락. 태양을 이고 망호선착장에서 월곶까지 더듬더듬 걸었다. 어디선가 덥석 목덜미 잡을 것 같은 숨막히는 고요가 파도 소리조차 귀에 소거해 버린다. 발자국 닿지 않는 길 겁 없이 덤비는 무모함 뒤로 섬은 겁내지 않아도 된다며 살포시 안아준다.

 다시 섬을 반 바퀴 돌아 저두 출렁다리로 가는 가우라꽃이 구름과 어우러져 노닐고 있는 다산 정약용 쉼터가 있었다. "강진 유배지에서 아버지 다산이 아들을 만나고 바다에서는 물고기들이 서로 만나고 하늘을 나는 새들은 다산의 시속에서 만난다."라는 글귀와 다산을 헤아려 보라는 쉼터에서 내 마음도 바닷물에 젖은 수건처럼 짜디짜다.

 출렁이지 않는 출렁다리, 바다가 출렁거려 출렁다리라 한다. 2021년까지 폭 1.8m와 길이 150m의 실제로 출렁거리는 다리를 건설할 계획이라고 한다. 편하게 진입할 수 있도록 데크도 설치된다 하니 기념사진이 멋있을 것 같다.
 빈 데크가 바다를 지키는 닫힌 섬 안, 그리고 갇힌 섬 밖으로 한 바퀴 빠져나와 상저마을 정류장에 이르렀다. 길고 지루한 기다림으로 아스팔트 타는 열기가 온몸을 덮쳤다.

순례자의 섬, 섬티아고 1
- 대기점도

대기점도 선착장

'안개는 대기 중의 응결핵에 물방울이 응결되어 형성

된다. 대기 중의 상대습도가 과포화되어 생기는 현상'이라는 백과사전 설명처럼, 포화상태의 물방울들이 갈 곳을 잃고 지상으로 내려와 한 치 앞도 보여주지 않는다. 새벽안개는 정오까지 사라지지 않고 서울에서 압해도 송공항까지 버스에 붙어 따라온다. 가을의 끝자락을 붙잡고 놓지 못하는 빛바랜 단풍처럼 전국이 안개 정국이다. 좀처럼 옷 벗을 줄 모르는 육지 안개와 신안 앞바다 해무로 범벅이 된 십일월 셋째 주말 오후 2시, 12사도 순례길 대기점도행 여객선을 탔다. 해무에 가려진 천사대교가 아슴하다.

 늘 혼자 떠났던 여행이다. 낭만적일 때도 있었지만 청승맞을 때가 더 많았던 여행이었다. 이번에는 '바오로성지순례' 여행사를 통해 친구 성남이와 동행하였다. 함께 하는 신부 및 신도들이 많아서 뭔가 풍요롭고 든든하다. 누군가에게 부탁하지 못하는 성격으로 여행지에서 가장 해보고 싶었던 건 나의 뒷모습 사진 찍기이다. 오늘은 친구가 등 뒤에 있어 즐겁고 행복하다.

 스페인 산티아고 순례길을 걷고 싶었던 마음 대신 스페인의 산티아고 순례길을 걷는 듯 작은 섬들. 섬티아고는 섬 모양이 점과 같다 하여 붙여진 이름 대기점도다. 예수의 12사도의 이름을 딴 12개의 아름다운 건축 미술 작품이 있는 선착장 1번 '건강의 집(베드로)'부터 시작이다. 김윤환 작가의 작품으로 흰 벽에 둥글고 푸른 지붕이 그리스 산토리니풍 모습을 닮았다. 순례의 시작을 알리는 작은 종이 앙증스럽다. 친구는 종소리를 녹음한다. 청아한 종소리가 바다를 건너 지상의 모든 것들에 따뜻하게 스미고, 울림이 되길 바라는 작은 바람이 담겨져 있지 않을까 생각하다 신부의 기도를 놓치고 말았다.

 순례길의 슬로건은 '자발적 가난, 즐거운 불편'이었다. 여유를 갖고 싸목싸목 걷다 보면 마음 다독거리는 시간이자 나를 되돌아볼 수 있는 기도의 길이 아닐까. 비록 스페인 산티아고 순례길처럼 오래 걷지 않아도 되는 1번부터 12번까지 약 12km의 짧은 거리인 섬티아고. 해안도로 따라 너울너울 춤추는 잡풀이 안내한 4번 '생명평화의 집(요한)'에서 색색의 모자이크로 분칠한 염소 조형물과 마주했다.

 염소를 키우던 동네 할아버지가 기증한 곳에다 지은

하얀 원형의 집은 긴 바람 창이 있다. 할아버지는 먼저 보낸 부인 산소가 보이게 해달라는 기증 조건을 달았다고 한다. 긴 바람 창으로 바라보면 산소가 보인다. '요한의 집'과 묘지는 이 창으로 소통하고 있는듯하다. 할아버지의 애절함이 엿보이는 창이다. 친구는 입구에 나는 바람 창에서 마주 보며 서로에게 보글보글 끓고 있는 순두부처럼 웃어본다.

방파제를 끼고 앞서거니 뒤서거니 걷는다. 예쁘지 않은 색으로 감싼 하늘과 바다, 그리고 남촌 마을 빨강의 지붕들을 에돌아 소악 노두길은 물에 잠겨 보이지 않고, 노두길 입구 5번 '행복의 집(필립)' 지붕 곡선 위로 뻗은 꼭대기 물고기 모형만이 하늘 바다에 헤엄치고 있었다. 내부는 유리 십자가 창으로 들어오는 은은한 빛을 받는다. 기도하는 순례자의 뒷모습 그 어디쯤 우리가 있고 우리의 계절이 지나가겠지.

시든 맨드라미 가을이 지나가고 추수 끝난 논과 연못을 낀 Y형 길 숲 입구, 붉은 기와에 나무기둥이 지붕을 지탱하고 있는 3번 '그리움의 집(야고보)' 내부는 어느 신도의 간절함이 묻어난 1천 원짜리 지폐 몇 장이 방문자의 표정을 읽고 있었다. 마음 온도에 비밀을 간직하라는 무언의 눈빛에 살포시 나온다.

 썰물의 시간. 대기점도와 병풍도를 잇는 노두길이 환하게 문을 열었다. 바람 한 점 없이 물의 시간이 지나간 자리, 노두길에서 저마다의 표정과 몸짓으로 추억을 담고 있는 북촌마을 입구 2번 '생각하는 집(안드레아)' 지붕이 독특했다.

 이곳 특산물 중 하나인 양파의 특성을 살려 이원석 작가는 지붕에 양파를 형상화했고, 고양이가 많아 그 위에 고양이가 앉아 있는 모습을 담았으며, 내부는 해와 달의 공간으로 디자인되었다는 설명이다.

 바다 냉장고 문을 열었다 닫았다 망사에 담긴 낙지를 꺼내는 '1004' 카페 사장 손길에서 망둑어 한 마리 길 잃고 서성이다 카페 사장에게 걸려 오늘만 있고 내일이 없는, 그러니까 한곳에 오래 머물러 있으면 안 되는 걸 망둑어는 왜 몰랐을까.

 민박집 비닐하우스에서 저녁 미사를 보았다. 신부의

강론은 요한의 집과 할아버지의 땅 기증에서 삶과 죽음을 생각하게 하였고 만남과 헤어짐, 그리움과 애절함의 뜻을 전해주었다. 한번 떠나보낸 비밀은 다시 만날 수 없다. 그래서 신중해야 하고 조심해야 하고 사랑해야 한다. 후회하지 않기 위해서.

대기점도에서 병풍도를 잇는 975m의 노두길 썰물의 빈 갯벌 위로 둥근달이 떴다. 밤이 넓어도 부족하지 않은 빛이다. 섬과 섬을 잇는 이 길처럼 친구와 함께여서 더욱 빛나는 거라며 발걸음이 내게 속삭인다.

오늘은 대기점도 1번 '건강의 집'에서 5번 '행복의 집'까지 순서 없이 발길 닿는 대로 바다가 읽어주는 건축 미술 작품을 눈으로 만지며 걸었던 순례길이다. 누군가에게는 묵상의 길이었고, 누군가에게는 축복의 길이 되었을 하루를 접어 민박집 구들장에 내려놓았는지 밤은 그지없이 고요하다.

순례자의 섬, 섬티아고 2
- 소악도

 자연경관이 뛰어난 다도해해상국립공원 신안군은 72개 유인도와 932개 무인도 등 1,004개 섬으로 이루어져 있어 '천사(1004)의 섬'으로 불린다. 그중에서도 대기점도의 작고 아담한 북촌마을을 마음속에 담아본다. 민박집에서 바라보는 '생각하는 집'은 빨간 지붕과 조화를 이루며 아침을 연다. 해무가 가득한 골목을 어슬렁거리다 마주하는 풍경은 정물화면서 수채화이고 때론 수묵화로 그려진다.

 어제의 바다 냉장고 주인이 운영하는 '1004' 카페에서 커피 두 잔 낭만을 산다. 자주 마시지 않는 커피지만 빨간 지붕 탁자를 배경으로 친구와 함께 인증샷도 찍어본다. 혼자서는 할 수 없었던, 그러나 둘이라서 해 볼 수 있는 것들이 주는 아름다움이자 소중한 추억이 되겠지.

오늘은 소기점도·소악도·진섬·딴섬 순례길을 걸어볼 것이다. 바닷길이 열리는 시간 때맞춰 12번부터 역순으로 시작하기 위해 진섬까지 트럭으로 이동했다. 트럭 짐칸에 옹기종기 모여 앉아 노두길을 달리면서 갯벌을 바라본다. 폼으로 커피 잔 들고 굴러가는 트럭 카페에서 나는 다른 시간을 가고 있다. 이원하 시인의 "바다를 보면 어쩐지 번거로워진다 멋지고 놀라워도 번거로워진다."라는 시 구절의 은유를 생각하다 '번거로워진다'를 내 방식대로 '번거로운 내 마음속에 바다를 담아본다'로 번역해 본다.

12번 '지혜의 집(가롯 유다)'은 썰물 때 모래 바닷길을 건너가야 만날 수 있는 딴섬에 있다. 예수를 제사장들에게 은화 30냥에 팔아넘긴 가롯 유다에게 왜 지혜의 집이란 이름을 붙였을까 궁금해하다 대답해 줄 이 아무도 없어 나선형으로 쌓아 올린 종탑에 질문을 남긴다. 붉은 벽돌에 요철 첨탑을 세운 12번은 유일하게 성당을 연상시키는 건축물이다. 예수를 배반한 가롯 유다의 사각거리는 마음을 모래에 묻으며 바닷길이 열리지 않으면 출입할 수 없는 이름마저 딴섬은 무인도다. 유배지 느낌으로 전해진다. 이 유배지 느낌이 지혜일까.

진섬 솔숲 향기와 갯바람의 비릿함이 내통하는 11번 '사랑의 집(시몬)'은 열고 닫는 문이 없이 그냥 터져 있다. 너와 나 서로 왕래하면서 소통하고 지내라는 의미일까. 마음의 문을 열고 우리 밖으로 나가라는 나를 대변하는 것 같아 잠시 숙연해진다.

모자이크 바닥 타일 위에 순백의 건물로 뾰족지붕에 작고 푸른 창문이 덧보이는 10번 '칭찬의 집(유다)'은 진섬 입구에 있다. "주님, 주님께서 왜 세상에는 나타내 보이지 않으시고 저희에게만 나타내 보이시려고 하십니까?" 하고 물었다는 유다의 집을 뒤로 소악도를 잇는 노두길이다.

썰물과 함께 떠나지 못한 배 한 척 갯벌에서 그림자놀이를 하고 있다. 갯벌을 붙잡고 홀로 덩그러니 놓여 있는 배가 있어 찰칵, 하자, 성남이가 왜 자꾸 폐선에 혹은 남겨진 배를 자주 찍고 관심을 보이는지 묻는다. 왠지 나를 닮은 듯 세상에 홀로 남겨진 듯해서 그렇다고 얼버무린다.

 섬티아고의 동그란 조가비 순례길 표시가 소악도 둑길 중간 나무기둥에 붙어 9번 '소원의 집'을 안내한다. 여행사 대표는 스페인 순례길에서 보았던 조가비 모양 안내 표시를 응용한 것 같다고 설명한다.

 프로방스풍 작은 오두막을 연상케 한다는 9번 '소원의 집(작은 야고보)'은 스테인드글라스로 꾸민 물고기 모형 창문과 어부의 안전을 기도하는 모티브로 100년이 넘은 고택에서 가져온 나무기둥이 인상적이다.

 소악교회 정원에 들렀다. 약 50년 전 문준경 전도사가 마을마다 다니며 사랑을 실천하고 전도하기 위해 신고 다녔다던 고무신과 메고 다녔다던 보따리가 교회 입구 표지석 위에 상징적으로 놓여 있다.

 물 빠진 바다의 갯벌은 글자 잃은 책 같다. 읽어낼 수 없는 것들로 가득한 갯벌 위에 있는 8번 '기쁨의 집(마태오)'은 소기점도와 소악도를 애처로이 바라보고 있는 노두길 중간에 있다. 양파의 고장답게 러시아 정교회 풍의 황금빛 양파 지붕이 두 번 생각하는 양파 지붕과 닮은 듯 닮지 않은 사방의 창문들이 모두 황금색이다.

 소기점도 언덕 위에 푸른색 문을 배경으로 사각형 흰색 작품 7번 '인연의 집(토마스)'은 우리 일행에게 가장 인기가 많은 작품이었다. 그래서인지 모로코에서 가져왔다는 신비한 빛깔의 푸른 안료를 사용해, 진한 파란색 문에 달린 동그란 유리 거울로 반사되는 자신의 얼굴 사진 찍기에 좀처럼 자리를 내주지 않는다. 내부는 들어가 보지도 못하고 기다리다 지쳐 사진 찍기를 포기했다.

 증도, 하면 염전이 먼저 떠오른다. 그러나 증도면에서 유일하게 기점도와 소악도는 염전이 아닌 새우 양식을 한다. 길을 걷다 듬성듬성 볼 수 있는 새우 양식장들. 양식장에서 막 건져 올린 탱탱하게 물오른 새우. 어제저녁 식탁에 오른 달콤하고 쫄깃한 새우 맛이 지금까지 입안에서 노닐고 있는 것 같다.

물 위에 꽃처럼 떠 있는 6번 '감사의 집(바르톨로메오)'은 다가갈 수 없어 멀리서 바라만 본다. 햇빛과 보는 이의 위치에 따라 작품 색이 달라진다는데 흐린 오늘은 스테인드글라스의 초롱초롱한 빛을 보여주지 않는다.

 다시 1번 '건강의 집' 옆 화장실 벤치에 앉아 12시 송공항 배를 기다리면서, 대기점도~소기점도 217m, 소기점도~소악도 373m, 소악도~진섬 241m의 노두길을 한 줄 한 줄 모아 땋아본다. 바닷물이 닿았던 시간과 끊긴 시간 사이를 걸었을 순례자들 모두가 12사도 순례길 마음속 깊이 땋는 과정에서 묵상과 축복의 발자국을 남겼으리라. 나는 이 순례길에서 무엇을 내려놓고 왔을까, 화두처럼 되짚어 본다.

내 안의 섬으로 가는 길
- 가파도

　마라도에 가기 위해 숙소에서 새벽 버스에 몸을 실었건만, 풍경이 생각을 먹고 감상이 감성을 지우며 머릿속이 멍멍해진 채 모슬포를 지나쳐 서귀포 터미널 종점까지 왔다. 다시 버스로 가기엔 예약된 시간을 맞출 수 없다. 급히 택시로 간당간당 배 시간에 맞춰 모슬포항에 도착했다. 그러나 풍랑으로 결항이란다. 아쉬움도 그리움도 항상 뒤에 남는 것인가.

　마라도 행의 결항으로 계획에 없던 가파도로 행선지를 바꿨다. 삶은 계획대로 가고자 하는 방향 따라 살아지는 게 아니라는 걸 바다가 말해준 것 같다. 섬을 통해 가려는 게 아니라 섬에 닿으려는, 내가 섬이므로, 닿지 못한 그 섬을 향해 가는 것이리라. 바람과 바람 사이를 걷는다. 돌담의 경계마다 물안개가 미끄러져 내려앉는다. 걸을 때마다 바깥 없는 수백 개의 내면이 서성인다.

 파랑 물들 때까지 걸을 때 섬은 알 수 없는 질문을 하고 답하지 못하는 나는 지척의 마라도만 하염없이 바라본다. 풍랑으로 뜨지 못한 뱃길 열지 않은 마라도를 대신한 장마철의 가파도는 흐린 날의 흐린 풍경일 뿐이었다. 청보리밭 활짝 그 푸른 계절이 아름답다지.

 해안도로 타고 자전거들이 씽씽 달린다. 여기까지 와서도 사람들은 바쁘다. 빨리빨리 걸어도 천천히 풍경을 음미하며 걸어도 결국 닿는 곳은 함께 탈 배 시간인데 슝슝슝 빠르게 지나간다.

 젊음. 청춘. 이십 대. 참 푸르고 예쁘다. 나도 저런 시절이 있었던가? 그 시절에 난 뭐 하고 있었지. 출·퇴근 그 반복의 일상으로 흘러갔겠지. 나는 운전면허증이 없다. 또한 자전거도 탈 줄 모른다. 그래서 늘 걷는다. 걷다 허기진 그 어디쯤 해녀들이 갓 잡은 해산물 듬뿍, 가파도에서 해물짬뽕은 꼭 먹어야 한다는 걸 몰랐다. 해물짬뽕은 울타리 치고, 자장면 후루룩 털고 일어섰다.

관광객들이 해안도로를 따라간다. 해안도로를 접고 나는 홀로 섬을 가로질러 부근 언덕에서 발전소 지나 보리밭 쪽으로 걷는다. 오직 나와 바람과 들길뿐이다. 그렇게 섬이 내게 왔다.

지금은 마을이 형성되어 있지만 어린 시절에는 고창천변 옆으로 들판 가득 푸른 보리가 출렁거렸다. 고창초등학교 등·하굣길 보리 이삭 짚불에 구워 두 손으로 비벼 먹던, 톡톡 보리 알갱이 입안에서 터질 때마다 보리 서리의 아찔함과 즐거움에 입술이 검붉어졌던 부끄럼이 보리 순처럼 새록새록 돋아났다. 고향집에 방문할 때마다 고창 공음면 선동리에 있는 청보리밭 그 푸른 물결과 함께 출렁거렸던 생각을 하며 들어선 이곳은 칠월. 청보리밭 보리 알갱이는 보리떡, 보리차, 맥주 알코올로 날아가고 부스스한 흙이 해풍에 날리고 있었다.

그 땅속에도 마음 깊이가 있을까. 해바라기 코스모스가 까만 점으로 찍혀서 가을꽃 축제를 기다리고 있을 꽃씨들을 파헤쳐 보고 싶은 마음을 뒤로하고 모슬포로 가는 여객선에 몸을 실었다. 흐린 날의 하루가 왔다 간다.

내 안의 섬으로 가는 길 아득하다. 걷다 길 멈춘 자리에 노란 가자니아 꽃이 피었다. 나도 앉은뱅이가 된다. 쪼그리고 앉아 시간을 낭비하는 행복함과 바닷바람에 숭숭한 구멍 뚫린 돌담은 비릿한 생을 깁고 파도는 짜디짠 삶을 덮고 낮아질 게 더 없는 나는 앉은뱅이꽃이다.

물멍
- 광치기 해변의 오후

 나와 다른 시간을 가고 있는 바다와 한 몸이 되어 출렁거리는 성산일출봉, 그 옆 수마포 해안의 아삭거리는 검은 모래를 밟으며 걷는다. 낯선 사람을 뒤따라 걷는다. 생수 한 병과 동전 지갑엔 숙소로 돌아올 교통비만 챙기고 나선 길이었다. 폭염을 이고 온 한낮 혼자여서 내 자신을 시험해 보고 싶었는지도 모른다. 습한 공기 쪼개며 굳이 눅눅한 시간 서두를 필요도 없었다.

 일출봉 해안가 구멍 송송 난 일본해군의 자살특공기지 '제주 일출봉해안 일제 동굴진지', 돌이켜 아픈 자국 하나 남기고 가는 저 뜨거움의 물집은 근대 문화유

산으로 남겼지만 강제로 동원된 노동자를 가둔 시간임을 안다.

 수평선을 끌어안고 광치기 해변 사암 위에 섰다. 투명한 바닷물에 잠긴 발가락은 짠물에 꿈틀거린다. 파도 거품이 몰고 온 젖은 해초들이 패석 위에 시름을 부려놓는다. 그러자 마중 나온 아이들의 손길에 끌려간다. 그 뒤를 따라 엄마들의 푸릇한 마음이 모이는 모습에 해초도 바다도 지그시 눈감아 준다. 정겨운 모습을 바라보다 바람에 미소를 버무려 보내본다. 나의 한 시절도 함께 푸른 바다에 버무려져 출렁인다.

 올레길 풀섶 누르며 가끔씩 무리 지어 가는 소요에 파도는 출렁임을 가라앉히지도 못하고 꿈틀거린다. 내 마음도 수피처럼 일어 수평선 위로 부유하는 해변의 오후, 아픔 없는 사람들의 하루를 리필해서 마시듯 바람은 날개를 달고 나를 통과할 때마다 나는 슬프지 않다는 혼잣말은 올레길 등 뒤로 사라지며 발자국이 불안을 깨운다.

 바다를 바라보며 멍 때린다.

나를 알게 되는, 나를 잃어버리지 않도록 아무것도 하지 않는, 오롯이 나만의 시간 속으로 미끄러져 간다.

잠시 생각을 접고 수만 번 제 숨을 조였다가 푸는 바다의 출렁임을 바라보다 패석 위에 햇빛을 놓아주고 나온다.

밀물 때 섬이 되고 썰물 때 육지가 되었던 곳인데 조수간만 차에 따라 육지의 길이 열리고 닫혀서 '터진목'이라는 안내판을 끼고, 굽은 등 펴지 못한 채 못난이 감귤을 팔고 있는 할머니의 간절한 눈빛을 외면하지 못해 감귤 한 봉지를 사 들고 비닐봉지 흔들거리며 걷는다.

발걸음 건들건들 걷다 마주한 '제주4.3 희생자 추모비'와 '제주4.3 성산읍 지역 양민 집단 학살터 표지석', 또 다른 근현대사의 아픈 상처를 기억하라는 '제주4.3 터진목 유적지'는 토닥토닥 기울어지는 태양 표지석에 박혀 글자들을 따라 빙글빙글 돈다. 한강 작가의 소설 『작별하지 않는다』 표지 4에서 신형철 평론가는 말한다. "폭력에 훼손되고 공포에 짓눌려도 인간은 포기하지 않는다. 작별할 수 없다는 것이다." 이 표지석이 말해주는 듯.

흐르지 못하고 고여 있는 슬픔은 아프다.

성산읍 4.3 희생자 위령비

터진목 유적지

일몰이 아름다운 해변
- 곽지과물해변에서 한담해변까지

울퉁불퉁 까만 현무암이 하얀 모래사장을 덮고 청록빛 바다를 품은 곽지과물해변이다. 선사시대에는 패총이 발견되었다고 하는 곽지리에서 한담해변까지 바다와 눈 맞추며 걸었다.

길 잃은 이들의 발소리는 물결치는 파도에 묻고 내 발소리는 바람으로 답하며 금방이라도 쏟아질 듯 구름 떼가 몰려다니는 한적한 길, 가끔씩 나타났다 사라지는 연인들의 웃음, 그리고 소름 돋도록 고요가 무덤처럼 쌓여 있는 길을 걷는다.

백년초 노란 꽃들 사이 열 지어 늘어선 나무들 올레길에 주황 파랑 서로 엉켜 몸 흔드는 깃발들은 불안한지 아우성이다. 혼자서도 괜찮은지, 혼자라서 쓸쓸하지 않은지, 혼자면 따분하지 않은지…. 그러나 나는 자유롭고 자유롭게 걷는다.

물결치는 고무보트에 말 걸어보고 바위틈 덩굴식물에게 눈인사하고 구부러진 길 따라가다 보면 '지금 이 순간' 카페도 만난다. 꼭 지금의 나 이 순간처럼 카페 이름이 나를 대신하는 걸까 생각하다 한담마을 산책로까지 왔다.

'맨도롱 또똣'은 제주방언으로 '기분 좋게 따뜻한'이라는 뜻이다. 카페 '봄날'은 드라마 「맨도롱 또똣」의 촬영지로 유명하다. 그래서인지 '봄날' 카페는 항상 봄날이다. 그리고 그만큼 관광객이 많다. 차를 주문하고도 자리가 없어 한참을 밖에서 서성거려야 하고 내부로 들어서면 드넓은 통유리 창문이 바다를 끌어들인다. 친구끼리, 연인과 가족들이 북적거리는 곳에서 나만 혼자 그렇게 궁상을 떨고 있다.

끼리끼리 짝지어진 속에 어쩜 그리 나 홀로 잘 놀고 있을까. 그러나 순간을 즐길 수 있다는 건 떠날 수 있었기에 가능한 것 아닐까? 보이면 보이는 대로, 들리면 들리는 대로, 잊히면 잊히는 대로, 지금의 나처럼 용기 있게 그냥 있으면 되지 않을까. 혼자는 외로운 것이 아니라 자유로운 것이므로 생각을 버리면 자유로워진다.

프랑스의 사상가이자 법조인 몽테뉴는 "내 생각을 타인의 두뇌에 문질러 다듬기 위해 여행을 떠난다." 하지 않았던가.

이는 우리에게 당당하게 떠날 권리를 찾으라는 소리가 아닐까. 내 마음대로 해석하며 밖으로 나오니 노천테이블에서, 그네 의자에서, 푸른 잔디 위에서, 각자의 표정으로 자기만의 색깔을 내고 있다. 이곳 풍경은 노을이 전부다. 제주 어느 해변을 가든 일몰과 일출은 아름답다. 그러나 어느 장소에서 어떤 사람과 함께 하는가에 따라 다르긴 하겠지만 이곳의 일몰은 더욱 아름답다. 하지만 지금은 장마철이라 잔뜩 흐린 하늘에 바다는 먹구름 가득이다. 품어줄 수 없는 노을빛은 마음

안에 꼬깃꼬깃 접어 담고 그네 의자에 앉아 애플망고 주스 한잔 흔들어 보는 것도 괜찮다.

난기류를 헤치고 왔다

"혼잣말은 오래 씹을수록 질겨진다."고 강혜빈 시인은 시 「라넌큘러스」에서 말한다. 혼자 오랫동안 걷는 길도 처음엔 뜨거웠다가 걸을수록 차가워진다. 열정이 지겨워서가 아니라 나만 모르는 세상에서 오는 고독이 시시해지기 때문일 것이다. 나의 여행은 늘 그랬다. 혼자 말하고 혼자 걷고, 혼자 밥 먹고 나 홀로 여행지로 오늘도 구름 검게 뒤집어진 하늘 잠깐 열릴 때 머리 위로 날아가는 비행기를 바라보며 이호테우해변에서 제주공항 활주로가 환하게 보이는 '도리로' 갓길까지 왔다.

고개 들고 바라보는 하늘은 오늘처럼 구름 가득한 날들이었다. 그 하늘길 따라 비행기가 지나가는 모습을 바라볼 때마다 떠오르는 사람이 있다. 교통사고로 긴 여행 떠나기 3일 전 유언처럼 밤하늘에 별을 보며 하던 말이 명치끝에 와닿는다.

"각시야! 이제부터 우리 두 손 꼭 잡고 비행기 타고 세계여행 다니자. 아니 우주 끝까지 함께 가자."
 그러더니 어린 꼬맹이 아들 둘 두고 혼자서 하늘 비행기 타고 떠났다.

 말이 씨가 된다는 우리 속담을 되씹어 보며 걷던 길 잠시 멈추고 '도리로' 갓길에 섰다. 먹구름에 이슬방울과 함께 몰아붙이는 강풍에 이륙시간이 길어지는 비행기와 착륙하려는 비행기마다 흔들흔들 위태롭게 곡예를 한다. 강한 바람이다 보니 착륙이 쉽지 않은듯하다. 그러나 이곳의 이 순간에만 느끼고 볼 수 있는 허공의 춤사위 풍경이 묘한 긴장감을 준다. 놀이기구를 탔을 때의 기분하고는 사뭇 다르겠지만 바라보는 내내 아슬아슬하다. 비행기의 기울기에 따라 낮은 곳, 더 낮은 곳으로 가려는 빛과 빛의 각도와는 다르게 높은 곳, 더 높은 곳으로 갈 수밖에 없는 출구 없는 문이다.

  그렇게 이착륙을 바라보던 잠깐, 순간에 강풍은 활주로에 닿을 듯 비행기 한 대 닿지 않는 곳으로 올려 보낸다. 기장의 순발력이 돋보인 순간이다. 순간 이동 눈으로 잡기에도 부족한 빛의 속도다.

  비행기 안의 승객들은 얼마나 불안했을까. 제주공항에 착륙한다는 안내방송에 그들만이 아는 여행을 하며 창문에 기대어 설렘 껴안고 있었을 승객들의 표정이 그려진다. 곧 마주할 그리운 얼굴에 마음은 무지개로 피어올랐을 승객의 떨림이 전해진다. 예측할 수 없는 약속시간으로 말린꽃처럼 바삭거렸을 수많은 입술들을 생각해 본다. 허공에서 볼 수 없는 계절에 묶여버리면 어쩌나 하는 모든 감정들이 몰려든다. 순간 비행기란 커다란 상자와 큰 상자를 덮어버린 비좁고 밀폐된 화장실에 갇혀버린 그 막막함을 경험해 보면 안다.

  나는 그랬다. 몇 년 전 철인과 향순 시동생 부부와 이탈리아 여행 가던 로마행 비행기 안에서 기침으로 승무원에게 부탁한 종이컵의 따뜻한 물은 마시기도 전

기체의 흔들림으로 옷에 쏟았다. 난기류다. 백과사전에서는 '난기류는 공기의 흐름이 지표면의 가열 불균형으로 발생하는 역학적 원인에 의한 것'으로 설명한다. 난이도 어려운 놀이기구를 탄 듯, 기내가 출렁거리며 나도 함께 울렁거림과 동반된 기침은 견딜 수 없는 고통이었다.

고요 속에 쏟아지는 내 기침 소리는 승객들에게 민폐를 초래하였고 심한 기침과 울렁거림을 견디다 못한 나는 잠시 기내의 흔들림이 줄어들 때쯤 화장실 안으로 숨어들었다. 멈추지 않는 기침과 함께 멀미는 보너스로 왔다. 난기류는 오랫동안 지속되고 흔들림이 더욱 심해졌다. 화장실에 갇혔다. 비좁은 공간에서 나와의 싸움은 바위보다 무겁고 두꺼운 불안을 끌어안아야 했다. 그때의 나처럼 지금 저 비행기 안 승객들 또한 감정의 도형은 동그라미였다가 세모에서 다각형으로 그려졌다 지워졌다 하였을 것이다.

우리는 가끔씩 비행에서 난기류를 만나게 된다. 또한 오늘처럼 예측할 수 없는 기상변화는 속수무책이다. 빠른 판단력과 기지로 맞서 나갈 수 있는 노련함이 기장에게 필요할 것이다.

 흔들림 없는 삶이 없듯이 우리 인생도 난기류 속에 사는 것이 아닐까, 생각해 본다. 흔들리며 불안해하며 어둠에 묻혔다 헤어 나오고 다시 알 수 없는 항로에서 비틀거리며 예측할 수 없어 속수무책의 망연자실. 내가 걸어온 삶이 그랬다.

 일곱 살, 다섯 살 어린 두 아들과 걸어온 길이 비행기 비좁은 화장실에 갇혔던 그때와 같은 암담함이었다. 자주 병원 입·퇴원을 반복하듯 아팠다. 잦은 병치레로 친정 부모님 마음고생시킨 불효녀로 아이들에겐 아빠가 없는데 엄마까지 없으면 어쩌나 하는 불안감을 심어준 엄마로 살았다.

 누구도 예측할 수 없는 삶. 그러나 난기류 헤치고 무사히 운항하여 목적지에 착륙하는 비행기처럼 나도 여기까지 왔지만 표현할 수 없는 아린 마음 한구석에서 울렁거리게 한다. 어릴 때 아빠에 대한 충격과 병원을 들락거리는 엄마로 인한 불안으로 성장한 아들이 손끝을 저리게 한다.

강한 바람에 풀잎들이 쓰러진다. 착륙하지 못한 비행기는 어디까지 갔을까. 어떤 이는 구좌리 창공에서 회항할 거라고, 누군가는 더 멀리 갔을 거라고 소곤거리는 말이 바람 따라 전해진다.

 착륙할 때 활주로에 부딪히는 비행기 바퀴의 고무 타는 냄새는 별로이지만, 한 마리의 나비였다가 때론 똑 쏘는 벌이 되기도 하는 이륙할 때의 속도와 착륙할 때의 미끄러지듯 흘러가는 모습을 보고 있는 지금이 참 좋다. 항공사마다 비행기의 옷 색깔을 구별하는 즐거움에 젖어 있을 때 착륙하지 못했던 비행기가 방황을 끝내고 돌아와 가볍게 착륙한다. 비행기 안에서 불안하였을 승객들도 내 마음도 고요해질 때쯤이다.

 강풍으로 인해 승객들은 기대하지 않았는데 뜻밖의 선물로 착륙하지 못한 채 다시 이륙하여 조금 더 비행할 수 있는 행운의 시간이었을까. 앞이 아득한 고역의 시간이었을까. 굳게 동여매는 안전벨트에 제주의 하늘은 먹구름이고, 기장의 안내 말은 더 이상 향기롭지도, 마음에 여운을 남기지도 않을 것이다.

나무의 사계절이 비치된 영통도서관에 가면
그때그때 바뀌는 풍경 속
아무리 불러도 듣지 못하는 이름이 있다

소란스러운 발소리 거리에서 멀어진 지 오래, 밤은 근엄하게 온다지 갈라진 바람을 끌어모으듯 맹렬하게 달려온 알코올 젖은 자동차에 칠월의 횡단보도 빗금 지운 칸나는 붉게 울었다

오늘의 날씨, 회오리

오후를 갈라 기억을 꺼내놓고
우울이 안개처럼 어슬렁거릴 때
사방팔방으로 튀는 혜윰* 봉지 속 씨앗들 밀봉하고
오랜 시간 몸에 가둔 뜨거운 물집 터트린다

당신의 지구 끝은 내 꿈속인지라 너는 다른 생의 모퉁이를 돌아 자꾸 나를 부르지만 목소리 없는, 오늘도 당신의 기일은 있고 내 생일은 없는, 구름이 내일을 몰고

---

* 생각.

온다

분류기호 800과 500 사이
각진 나무틀에 박힌
언젠가 있었던, 언제든 가질 수 없는
펼쳐보고 싶지 않은 낡은 비밀 스멀거린 이름

생각을 지우고 기억을 버리면 모든 의미가 증발할까

죽은 이들이 들려주는 이야기와 시린 눈길 따라
문학과 과학기술 사이 나무 위로 날고 있는 부전나비 떼
두 손으로 비늘 가루 받아낸다

이 모든 것, 내 일이 아니다

무의미의 의미
- 추자도 편지 1

　당신이 그리울 때마다 읽었던 포르투갈 작가 페르난두 페소아의 시집 『시는 내가 홀로 있는 방식』을 읽다가 "사물들의 숨은 의미는 아무런 의미가 없다."라는 문장에 꽂혀 트렁크 드르렁드르렁 가을을 끌고 추자도행 배를 탑니다.

　섬에 가서 섬에 머물면서 그 어떤 의미를 두지 말고 의미를 찾지도 말고 오롯이 의미가 없는 것에 몰두해 보고 싶습니다. 그러나 과연 그렇게 지낼 수 있을까 의문을 남기고 싶기도 합니다.

> 내가 사물을 보고 사람들이 그에 대해 무슨 생각을 하는지 생각할 때마다 / 나는 자각에 부딪혀 청량하게 소리 내는 시냇물처럼 웃는다 / 왜냐하면 사물들의 유일한 숨은 의미는 / 그것들에 아무런 숨은 의미도 없다는 것이니까*

해남 우수영항에서 추자항까지 1시간 30분. 퀸스타호는 너울너울 파도와 함께 내가 출렁입니다. 이틀간 배가 뜨지 않는다는 일기예보에 배 안의 좌석은 공기로 가득 채우고 어쩌다 한 자리씩 차지한 승객들 듬성듬성 틈 비집고 어떤 이는 졸거나 사념에 잠기고, 누군가는 매점을 서성이고, 서넛의 굵직한 목소리 서걱거리고, 나는 멀미약에 취해 아롱거립니다.

상추자도, 하추자도, 추포도, 횡간도 4개의 유인도와 38개의 무인도로 구성된 추자도. 고려 원종 12년(1271년)부터이며 옛날 뱃길로 제주와 육지를 오가다 바람이 심하면 바람을 피해 가기 위해 기다리는 섬이라 하여 '후풍도'라 불리었다가 조선 태조 5년 이 섬에 추자나

---

* 페르난두 페소아 「양 떼를 지키는 사람」 일부.

무 숲이 무성한 탓에 '추자도'로 불리게 되었다.*

  1896년 완도군으로 편입되었고 1910년에는 제주도에 편입된 후 1946년 북제주군에 소속되었다가 2006년 7월 1일 제주특별자치도 제주시로 통합되었다는 추자도. 바다색에 하늘빛을 더하고 빼기를 해봐도 하나인 듯 하나가 아닌 듯, 색과 빛의 잔치에 설렘 한가득 안고 예약한 숙소 대서리 '유창민박'에서 일주일의 여정을 풉니다.

  서쪽의 큰 마을이라는 대서리에서 비와 구름과 몽롱한 날씨 속을 헤매다 오랜만에 만난 청명한 빛에 끌려 등대산 공원 정자에 앉아 눈이 아프도록 바라보는 바다입니다. 누구도 초대하지 않은 저녁으로 가고 있습니다. 거기에서 혹여 당신과 엇갈린 길의 초입을 찾을 수 있을까요?

    시간의 담벽을 따라
    길은 갈라집니다

---

* 『다음백과사전』.

오른쪽은 질퍽한 땅에 찍힌 발자국 부풀어 오르고

왼쪽은 휘어진 담벽의 그림자를 지우며

직선을 꿈꾸다 균열이 집니다

수축과 팽창의 경계 속에서 사라지지 않는 우리

늘 두 몸이었던 관계는 좁혀지고 있지만 대문 밖입니다

대문 너머 어제는

돌담에서 콘크리트로 이어지는 소리의 울림에

흙길이 버석거립니다

맨발로 빙글빙글 모퉁이를 도는

나의 상처를 보듬는 시간

능소화 넝쿨 뻗어나가기 위해서가 아니라

꽃으로 찾아오기 위해

낯선 골목 풍경 속 길어지는 시간을 불리며

갈라진 바람의 벽을 따라

마을 쪽으로 기울어지는

당신의 뒷모습을 언뜻 봅니다

추자도 나바론 하늘길

등대산 정자

올레길
- 추자도 편지 2

 당신에 대한 감정들이 설익은 콩처럼 설경거리며 씹히지 않는 날이면 늘 푸른 바다를 그리워했고, 전하지 못한 말들이 입안에서 구르고, 목으로 넘어가지 않을 때에는 낱말들을 바다에 수장시키고 싶었던 시간들이 이렇게 길을 만들고 있습니다.

 어제의 청명한 그 하늘은 지워지고 먹구름 가득 듬성듬성 빗방울이 우비에 사선을 긋는 올레길에서 당신을 생각하며 걷습니다. 칠월 장마 쏟아지는 거친 폭우와 맞서며 걸었던 그 길을 3개월 만에 다시 걷습니다. 당신에 대한 미련처럼 또한 추자도에 미련이 많았나 봅니다.

 아이들 마음처럼 알록달록한 색을 입은 토요일의 추자초등학교에는 내 그림자뿐입니다. 그 뒤로 "황금 보기를 돌같이 하라."고 한 최영 장군의 위패를 모신 사당이 여름날 그때처럼 오늘도 비에 젖고 있습니다. 최영 장군은 추자도민에게 그물 짜는 방법, 그물로 후리질하는 방법, 주낙질하는 방법 등 고기 잡는 기술을 가르쳐 주었기에 고마움과 덕을 기리기 위해 사당을 짓고 모시게 되었답니다. 그래도 한 번 다녀간 곳이라고 으슥한 기운은 돌지만 편안한 마음으로 지나갑니다.

 이 거센 바람과 절벽을 때리는 파도 소리 들으며 철벅철벅 빗길을 걷는데 길은 끝에서 양 갈래로 나눠집니다. 먼저 만나는 추자도판 '모세의 기적' 다무래미인데, 밀물 때는 상추자도와 따로 떨어진 섬이었다가 썰물 때는 연결되는 신기한 섬입니다. 내가 본 다무래미는 밀물 때라 자갈길은 보이지 않고 세찬 바람만 불어 댑니다.

 다무래미 길 나와 인적 없는 산길 사이로 묘지들이

보입니다. 음침한 날씨 타고 솟아난 봉분들에 쫓기는 듯 내 눈빛은 출렁이고 발걸음은 심장을 두드립니다. 특히 흐린 날 혼자는 늘 이렇게 허둥대고 움츠리고 무엇이 두려움을 만들어 낼까요. 그러면서 또 겁 없이 나서기를 반복하지만요.

 후포작지해안까지 왔습니다. 추자도는 자갈 해안이 많아 자갈을 '작지'라고 부른답니다. 추자에는 하천이 없기 때문에 해변의 자갈은 해안 절벽으로 떨어져 나온 암석이 파도에 부서지고 깎이고 닳아 후포해안도 자갈밭입니다. 정자에 앉아 뭉개지고 깨지고 부서져 동글동글해질 때까지 세월을 부대꼈을 몽돌을 바라보다 보니 자갈밭 길 걸어온 시리고 아린 내 삶 같아 울컥했습니다.

 후포만을 끼고 에돌아 갯바위에 바람과 맞서 낚시하는 분들이 아슬아슬 곡예사 같습니다. 왼쪽 계단을 오르면 용둠벙이 보이는 정자가 있고, 오른쪽 계단을 오르면 나바론 하늘길이지만 거센 바람에 내가 날아갈 것 같아 대서리 마을 길 휘돌아 옵니다. 귀엽게 혹은 새롭게 두 개의 성당 건물이 대조를 이루며 다정하게 마주 보고 있고, 가운데 샘과 일본 샘을 마을은 안아주고 있습니다.

 영흥리 벽화골목 너머 하추자도로 발길을 돌립니다.

 상추자에서 하추자를 잇는 추자대교 난간 길인데 날아갈 듯 비바람이 몰아칩니다. 그 여름날처럼 혼자라서 무서움과 두려움이 왈칵, 등줄기를 타고 내리는데 해안선 길은 더없이 호젓하고 으슥하기도 합니다.

 상·하추자를 잇는 다리는 1972년에 완공되어 주민이 걸어서 다닐 수 있는 인도로 섬과 섬을 잇는 우리나라 최초의 다리라 합니다. 그러나 인도로 된 다리에 차량이 다니다 보니 하중을 견디지 못하고 일부가 붕괴되었답니다. 지금의 이 대교는 1995년에 준공되어 사람도 차도 넘나들 수 있는 212.35m의 긴 다리입니다.

 당신과 내 운명처럼 또 갈림길이 나오네요. 오른쪽은 버스 노선의 묵리고갯길, 왼쪽은 예초리로 가는 해안도로입니다. 그래요. 우린 늘 같은 길을 걸어본 적이 없는 것 같아요. 생각이 다르고 마음이 갈라지고, 너와 나로 분리된 몸처럼 언제나 따로따로 서로 다른 길을 가고 있으니까요.

 묵리 방향으로 걷는데 여인인 듯 부부인 듯한 사람들이 다정하게 나를 앞질러 지나갑니다. 올레 숲길을 향하는 그들을 따라갈까 말까 고민 중입니다. 혼자서는 비에 젖은 숲길을 음습한 날씨에 감당할 수 없을 것 같고, 그래도 올레길은 궁금하고 두 마음에 혼란이 옵니다. 쪼그리고 앉아 망설이다 조금 떨어져 그들 발자국을 따라 걷기로 합니다. 그들이 멈추면 나도 멀찌감치 멈추고 그들이 걸으면 따라 걷고 허락도 없이 따라가는 내가 재미있습니다. 그래도 누군가 함께 걷는다는 안도감에 걷는 길이 즐겁습니다.

 가을입니다. 단풍이 없는 섬 들녘엔 억새꽃 휘날릴 때마다 숨 고르기 하며 수평선을 붙잡고 있다가 앞서간 발자국을 찾을 수 없어 미끄러운 숲길을 달립니다. 그러다 보면 저만치서 나를 기다려 주는 듯, 그러다 다시 발길을 옮기는 그분들이 얼마나 고마운지 당신은 알 수 없겠지요.

묵리마을 길로 왔습니다. 고마움의 인사를 건네며 동행해도 되는지 용기를 내어 물어봅니다. 이천에서 왔다는 부부는 20일간 제주 올레길 트레킹 중 오늘은 추자도 18-1코스라 합니다. 혼자서는 엄두도 나지 않는 올레길의 우거진 숲길을 걸을 수 있는 행운의 날입니다.

 서로 손잡아 주고 밀어주고 끌어주는 부부의 모습이 아름답습니다. 그 뒤를 따라 걷는 나는 부러웠던 마음을 바지주머니 속에 밀어둡니다. 누군가와 함께한다는 것이 이토록 예쁘다는 것을 당신은 알까요. 알고 있지만 선뜻 나서지 않을 뿐이겠지요. 나에게 보낸 당신의 말이 어딘가에 고여 전해지지 않는 것처럼 당신에게 보낸 내 말들이 어딘가로 흘러간 것처럼.

 신양항 모진이 몽돌해변입니다. 바람 한번 모질게 불어댑니다. 모진이해변 바람은 이름을 닮아가는 걸까요. 지난 여름날처럼 오늘의 바람 또한 거세게 불어댑니다. 파도에 굴리면 자갈 구르는 소리가 자갈자갈, 음악처럼 들린다는데도 모질게 불어대는 바람 소리뿐입니다. 이 바람 속을 헤쳐 가는 한 사람, 당신인가요.

눈물의 십자가
- 추자도 편지 3

 여객터미널에서 매시간 정시에 출발하는 마을 순환 버스를 타고 풀들도 예를 갖춘다는 예초리 포구에 내렸습니다. 지난여름 폭우로 엄두가 나지 않아 아쉬웠던 마음을 푸른 바다에 풀어내며 앞서거니 뒤서거니 발맞춰 줄 인적 없는 기정해변 길을 사부작사부작 걷습니다.

 썰물처럼 당신 마음이 빠져나간 뒤 살면서 사진을 액자에 넣어두듯이 붙잡아 두고 싶은 날들은 얼마나 될까. 지금처럼 파도 소리 들으며 쏟아지는 햇살 속으로 스며드는 아주 소소한 이 순간, 구름은 바다에 빠져 둥둥 떠다니고 나는 아름다운 바다에 빠져 익사하기 직전의 즐거움입니다. 잡으려 애쓰지 않았는데도 선물처럼 행복을 거저 주네요.

　제주의 푸른 바다와 감귤을 상징한다는 파랑과 주황 올레길 안내 리본이 해풍에 나풀나풀 야생화와 노닐고 있는 세 갈래 길입니다. 왼쪽은 해안 절벽 끝 갯바위에 눈물의 십자가가 세워져 있고, 오른쪽은 예초리 마을 길이네요. 직진하면 신대산 전망대 황경한 묘가 있는 곳입니다. 올레길 탐방로와 갈림길에서 성지순례자는 눈물의 십자가 쪽으로, 그리고 올레길 등산객들은 그냥 지나쳐 간다고 합니다.

> "나는 네가 황사영, 정난주의 아들이 아닌 경헌 네 자신으로 살아가기를 바란다. 양반도 천출도 아닌 이 땅을 살아가는 보통의 양민이 되어, 때론 주리고 고통받겠으나 강인함으로 살아남아 끝끝내 또 다른 생명을 일구어 가는 그러한 사내로 말이다."*

---

*　소설 『난주』 p46~47.

정명련은 정약현의 딸이자 정약용의 조카이며 황사영의 부인입니다. 제주에 도착하여 대정현에 배속되어 명련이란 이름 대신 난주라는 관비 명을 얻게 됩니다. 신유박해 때 황사영은 배론의 산속 굴에 은신하던 중 북경 구베아 주교에게 조선 천주교 탄압의 실상을 폭로하고, 외국군대를 이용해 조선 정부를 타격할 것을 명주 천에 호소문을 써서 북경으로 발송되기 직전 황사영의 백서는 발각됩니다.

백서사건으로 황사영은 서소문 밖에서 능지처참으로 순교합니다. 정명련과 두 살배기 아들은 제주도 관비로 시어머니 이윤혜는 거제도로 각각 귀양을 가야 했지요.

젖먹이 아들마저 평생 죄인의 자식으로 살아야 한다는 사실에 명련은 유배 길에 호송선 뱃사공과 나졸을 매수하여 경한을 하추자도 예초리 물생이 끝 갯바위에 내려놓았답니다. 이곳은 '물살이 센 곳이면서 끝이 있다'는 뜻의 예초리 동쪽 해변입니다.

물생이 끝 갯바위 눈물의 십자가　　　　　눈물의 십자가

　　예초리 사람 오상선이 소를 먹이러 이곳 벼랑에 가게 되고, 아기 울음소리를 따라가 보니 배냇저고리에 아이 부모와 아이 이름이 적혀 있는 아이가 절벽에서 울고 있어 아이를 키우게 되었답니다. 추자도에서는 오씨와 황씨를 혈연으로 여겨 두 성씨는 결혼하지 않는다고 하며, 장성한 경한은 혼인하여 두 아들을 낳았고, 그 후손이 지금도 추자도에서 살고 있다고 합니다.*

　이곳은 우리나라 111번째 천주교 순례길입니다. 경한을 놓고 간 물생이 끝 바위에 커다란 십자가가 설치

---

*　추자탐방 안내책자 참고.

되어 있는 나무 계단을 내려갑니다. 한 발 한 발 내디딜 때마다 어미와 자식이 생이별한 장면을 그려보며 마치 내 것인 양 가슴이 아려옵니다. 갯바위를 치고 내리는 파도는 그때의 사연을 아는지 모르는지 하늘과 바다 또한 물색없이 맑고 투명합니다.

 신대 포구를 지나 억새꽃처럼 휘어진 고갯길 넘어 '자연생태 휴양공원 조성 사업'으로 예산 확보가 안 되어 아직도 진행 중인 정자에 앉아 황경한의 묘소를 바라봅니다. 그때 차에서 성지순례단이 차례차례 엄숙히 내립니다. 두 모자의 슬픈 이별이 가슴에 닿아서이겠지요. 그러다 쉽게 차로 들이닥친 순례단과 햇빛에 얻어맞고 헉헉거리며 걸어온 나와의 거리를 재봅니다. 햇빛과 해풍 맞으며 걸어오길 참 잘했다고 당신의 손길이 토닥여 줍니다.

 가을볕 넘치고 내 발자국 꾹꾹 누르며 모진이해변으로 내려가는 길에 마주친 관광객 일가족이 언덕길 오르기 쉽지 않은지 그냥 내려갑니다. 모질게 불던 바람의 휴식 시간인 오늘의 모진이는 편안해 보입니다. 모진이해변 앞 수평선이 섬의 발부리를 잡고 있듯이 어느 강태공에 끌려온 생선들이 몸 말리는 그물망은 출렁이는 파랑의 바다 대신 파란 하늘로 흔들립니다.

 다시, 신양항입니다. 당신 곁을 비우면 내가 환해질까요, 당신이 내게서 벗어나면 환해질까요. 신양항 마법의 길에 묻습니다. 바람벽에 이루고픈 소원을 적어보려 합니다. '내 생애 이루고 싶은 바람은' 밑줄 쫙, 그러나 분필함 속 분필이 없어 마음속으로만 쓰고 사자섬에 공주 왕관만 씌워주고 나옵니다.

베르겐 플뢰엔 산 전망대

제4부

나에게
유라시아

열리지 않는 말과
언제 열 수 있는지 묻는 입술 사이
낯선 이곳에서
나는 알 수 없는 길 더듬거리며 갑니다
오래 남을 의미를 생각하고
오래 기억되고 싶은 말을 생각하며
나는 낯선 이곳에서 묻습니다
흑백사진 바깥은 컬러풀할까요?

노르웨이 숲이 부른다
- 뤼세피요르드, 프레이케스톨렌

숲이 부른다
다정하지 않은 목소리로 그가 부른다
깨진 마음을 풀어진 신발 끈 묶듯 꼭 동여매고
모든 어제는 말줄임표
열리지 않는 괄호 속 닫아버리면
빛, 뤼세피요르드* 오늘이 열리겠지

젖은 바위 길이 버겁다
빗줄기에 기대어 자작나무들 말이 없고

---

* '빛'이란 뜻.

걸을 때마다 머리칼 끝에 매달린 빗방울
후드득후드득
비틀즈의 노래 「노르웨이 숲」 가사로 떨어진다

숲이 부른다
비 맞은 물의 얼굴로 그가 부른다
못 미더웠던 삶에
마음 부릴 수 없었던 삶에
내가 숲을 헤매면 숲이 내 속을 할퀴고
바위틈 야생화 발끝으로 더듬는
나는 한 발짝씩 물러섰던 날들

숲과 빗방울
서로가 서로에게 섞이면서
자박자박 걸을 때마다
낮게 울려 퍼지는 새들의 깃털이
발길을 혼곤하게 하지만
갈피갈피 나무의 푸른 이끼가
갈 길을 재촉하기도 한다

마른땅에도 익숙하지 않았던 발걸음

더듬거리며 들어선 젖은 숲길
안개 걷히며 열리는
수직 절벽 프레이케스톨렌*
절벽의 경계 넘어 뤼세피요르드
수백의 동그라미를 그려야만
도착할 수 있는
그대를 여는 내가 있다

묻고 싶었다
수직의 절벽이 되는 사람
절벽을 잇는 피요르드가 되는 사람
그대는 어느 쪽이었을까
절벽의 끝에 서보면 알 수 있을까

깊이를 볼 수 없는 아득함이 삶이라고
그대라는 낭떠러지가
나를 이끌어 세운 것이라고
항상 질문과 대답은 내 몫으로 남기고

---

* 설교자의 의자.

건너갈 수 없는 곳으로 미끄러진 나는
건너올 수 없는 곳으로 사라진 그대는
설교자의 의자에 앉아 빛을 세다
천도복숭아 한입 베어 물며
하늘 복숭아의 거처는
하늘일까
내 입안일까
허공을, 시간을 더듬는 천상의 맛에 취해
숲이 부르는 소리 듣지 못한

그 어디에도 그대는 없다

프레이케스톨렌

길 잃어보면 안다
- 오슬로, 아르장

 오는 길에 폭우를 만났다. 차창으로 부딪치는 빗줄기 뒤로 잠시 태양 빛 스치며 다시 빗방울이다. 그 빛도 잠시 다시 먹구름으로 노르웨이의 지역마다 색다른 모습의 하늘을 보여주고 있다.

 들판의 연두는 말한다. 연두를 지키는 것은 하얗고 붉게 색칠한 세모와 네모가 서로 의지하며 박공지붕 통나무집들이 지켜주는 거란다. 하늘과 피오르의 물색, 산과 들판의 푸름이 흐르는 곳. 스윽 지나가는 버스 안에서의 자연과 나는 서로에게 풍경이 되어준다.

초원의 어린양 떼들이 그려주는 이야기 한 소절 대신 엮어내다 보면 내가 주인공 될 수 있을까. 이 풍경들을 소분해서 배낭에 담을 수 있다면 담아 가져가고 싶다. 빗길 뚫고 지나온 거리와 거리 뒤의 태양이 빛을 발하며 빗줄기 대신 내 얼굴을 적신다. 버리지 못하고 웅크린 내 삶이 이곳에서는 활짝 펼쳐지는 부채 꽃 같다.

빗방울에 맺힌 나뭇잎 구슬처럼 반짝이는 이 설렘과 들꽃들이 펼쳐진 곳에 내가 향하는 길은 무엇이며 또한 지향해야 하는 것은 무엇일까. 자작나무와 가문비나무 숲이 숲을 향해 간다. 노벨문학상 수상 작가 욘 포세의 소설 『샤이닝』의 주인공은 숲에서 길을 잃고 천사를 연상시키는 순백의 존재를, 검은 양복을 입은 저승사자를, 그를 찾아 나선 부모님의 환영을 본다. 나도 주인공처럼 노르웨이 숲길에서 길을 잃어본다면 먼 곳의 엄마 환영이라도 볼 수 있을까.

노르웨이는 90년간 스웨덴의 지배를 받다 1905년에 독립하였으며, 오슬로는 노벨평화상을 수상하는 도시다. 작곡가 그리그(「솔베이지의 노래」). 극작가 입센(『인형의 집』). 앞으로 갈 화가 뭉크(표현주의 화가). 지금 여기 조각가 비겔란(「모노리트」)의 조각공원이다.

자박자박 내리는 빗방울에 잔디의 싱싱함이 펼쳐지는 공원에 들어선다. 삶과 죽음 사이 움츠리고 있는 조각상들이 일요일을 뚝뚝 끊어내고 있다. 이곳은 프로그네르 공원으로 불리다 비겔란이 작품을 전시하면서 비겔란 조각공원이 되었다.

세상에서 가장 바쁜 사람은 우리의 현지 가이드일 거다. 작품을 보기도 전에 숨넘어가게 설명하고 넘어가는 고객에게 배려 없는 설명은 늘 씁쓸하게 한다. 패키지여행 특성상 촉박하게 주는 시간에 내가 할 수 있는 것은 빠른 걸음이 아닌 달리기 수준이다. 자세히 보기 위한 나의 노력은 약속시간을 위해 마지막 버스 탑승자가 되지만 항상 반쪽 감상이다.

비겔란과 그의 제자 작품들로 조성된 청동과 주철로 제작한 이들의 조각상들은 맨몸이다. 입구에 들어서 화사하게 웃어주는 장미꽃들을 지나면 다리 양쪽 난간의 58개의 작품들 중 가장 유명하다는 '화가 난 꼬마'「신나타겐」동상은 한쪽에 숨어 있어 눈에 띄지 않으니 잘 살펴야 보인다. 많은 사람들이 만져서 왼쪽 손은 금빛이 되었다.

다리를 건너면 빗방울과 함께 쏟아지는 '거인들의 분수'. 여섯 명의 거인들이 수반을 받쳐 들고 있다. 분수를 둘러쌓고 있는 생명나무 조각품들은 인간의 탄생부터 죽음을 표현한 조각품들이라는 설명이다. 비겔란이 말하고자 하는 인생이란 이처럼 탄생과 죽음에 이르기까지 무거운 짐을 져야 하는 인간의 숙명을 표현하고자 하지 않았을까.

비겔란이 만든 최고의 걸작품. '하나의 돌'이란 뜻의 「모노리텐」은 세 명의 조각가를 초대하여 화강암을 깎고 다듬어 14년이 걸렸다고 한다. 그러나 정작 비겔란은 이 작품이 완성되기 직전에 사망하였다 하니 안타깝다. 정상에 오르고 싶어 하는 인간의 욕망과 희로애락을 표현한 121명의 남녀 인간 군상 「모노리텐」 사진 찍기에도 촉박한 시간 탓에 자세히 관찰하지 못하고 만져보지도 못한 채 「생명의 수레바퀴」 앞에 섰다. 인간은 끝없이 태어나고 죽는다. 인생은 돌고 돌며 혼자 살 수 없으며 어울려 사는 것이라고 비겔란은 말하는 것 같다.

 감성적이거나 철학적이지 않아도 한 번쯤 우리 삶을 되돌아보게 하는 비겔란 조각공원을 나선다. 공원의 무료 개방과 관람객들의 열린 감상을 위해 작품에 대한 제목과 해설이 없다. 우리나라도 이런 거대한 조각공원 하나쯤 있었으면 얼마나 행복할까, 하는 생각을 접고 오슬로의 특산품인 갈색 치즈를 닮은 오슬로 시청사에 간다. 여전히 비는 추적추적 내리고 바람은 여름날의 옷깃을 여미게 한다.

 청사 앞 오슬로의 상징 백조상이 있는 분수대 옆 회랑을 돌아 1층 홀 초대형 프레스코화로 가득 메운 청사 안은 마치 미술관에 온듯하다. 일반인에게는 매달 1회 시민들의 결혼식 장소로만 개방된다는 청사는 노르웨이의 역사와 북유럽 신화, 바이킹 역사와 문화, 세계대전의 이야기가 벽화로 남겨져 있다.

 2층 의회장 끝 「성장」 그림은 성 할바드가 누명을 쓰고 상인에게 쫓기던 임산부를 도와주다 상인들이 쏜 화살에 숨진 이야기를 배경으로 한다. 상인들은 그를 맷돌에 묶어 바다에 던졌지만 다음 날 시신이 수면으로 떠오른 기적이 일어났다고 한다.

 뭉크의 방은 들어갈 수 없어 멀리서 작품「생명」감상과 선명하지 않은 사진을 찍으며, 시청사 건립 축하 선물로 보내온 우리나라의 거북선을 이곳에서 보니 반가웠다. 작고 아담한 거북선이지만 우리만의 독창성에 가장 돋보인다.

 극작가 입센과 소설가 비에른손의 동상이 양쪽을 지키고 있는 국립극장 앞을 지난다. 칼 요한스 사거리 저 멀리 위쪽에 보이는 곳이 노르웨이 왕궁 아래쪽은 노벨상 수상자가 머물렀던 그랜드 호텔이며 지금부터 자유시간이고 약속시간에 이곳으로 모이라는 가이드 안내 끝. 어슬렁거리며 주말이라 열리지 않은 상점들과 노천카페를 따라 젖은 돌길을 걸어본다. 현지인도 관광객도 없이 우리뿐인 거리는 고요하다.

 약속시간 전 우리 팀 중 은주·은심·명빈·경조·영희·춘림·나를 남겨두고 떠나버린 현지 가이드의 친절함에 칼 요한스 거리에서 잠시 미아가 되었다. 약속은 지키라고 있는 것 아닐까. 노르웨이 숲에서 길 잃고 싶다는, 내 생각이 여기에서 이렇게 거리를 헤매게 할 줄 그때는 미처 몰랐다.

 자박거리는 발자국이 가이드의 운동화 끈을 잡아당겼는지 인원 점검도 없이 떠나고 없다. 몇 분 빨리 출발한 결과는 더 많은 시간을 요구한다는 걸 이미 오래전에 한 번 겪었다. 스페인에서 출발 약속시간 전 인원 점검 없이 춘림과 나를 남겨두고 호텔을 떠나버린 가이드로 인해 가던 길에 버스가 다시 돌아와야 했던 씁쓸한 기억이 되살아났다.

 일행이 보이지 않는 거리에서 볼 수 없는 계절에 묶여버린, 거대한 상자 속에 갇혀버린, 갈 곳이 어딘지 모르는, 그 막막함을 낯선 곳에서 길 잃어보면 안다.

모노리텐

플롬스바나
- 플롬에서 뮈르달까지

네가 보낸 엽서를 보고 왔어
날마다 플롬과 뮈르달을 오가며 그림을 그린다고
이곳의 풍경은 변화무쌍하여
가끔은 혼란스럽다고
여름의 창밖은 수풀로 가득하여 새의 이름을 갖지만
겨울의 창밖은 바람의 춤으로 하얀 보석이 쏟아진다고
너는 말했지

나는 80년* 뒤의 창가에 앉아 너와 함께 있어

---

* 1940년에 증기기관차가 임시 개통, 1944년에 전철이 운행되기 시작함.

너의 이 길은 완공까지 17년이 걸렸다지
나도 이곳까지 오는 길 참 오래 걸렸어
쉽지 않은 길이더군
처음엔 진흙 길에 발목이 빠졌고
그다음엔 말을 채울 그릇이 비어 있어
소란의 날들만 무성했지
너의 곁으로 오기를 참 잘했다는
까마득한 협곡이
멋진 산악마을과 야생화들이
폭포 물줄기가 대신 설명하고 있네

너의 품에 안겨보니 알겠어
노르웨이의 자연이 주는 위로가 어떤 의미인지
빛나는 풍경과 달릴 수밖에 없는지를
무엇이든 구분 짓지 않는 너
나를 반기는 듯
네가 한국어로 안내하는 배려에 가슴이 쿵닥거렸지

창을 열다 잠깐 창밖으로 나와 '효스포센 폭포'
훌드라 요정의 유혹에 홀렸어
트롤 요정은 노르웨이 발레스쿨 학생들이라지

폭포수의 포말과
수풀 초록에 휘감긴 빨간 드레스의 춤사위가
잠시 너를 잊게 하였지

요정의 유혹에 빨려든 나를 너는 찾을 수 있을까
말없이 말하는 사진들 속에 내가 있다고
억지로 보려고 하면 보이지 않지만
마음으로 보면 보일 거야
나를 찾아봐

네가 본 것은 내가 아닌 새였다고 생각하니
창문을 닫고 보렴
20여 개의 터널을 통과하니
나는 너의 바깥 뮈르달역
만년설 하얀 새의 깃털로 날리는 듯하네

플롬으로 돌아오는 길
베르겐과 오슬로 행 환승으로 떠난 승객들의 빈자리
여유롭고 한적하여 너를 깊이 느낄 수 있었어

효스포센 폭포의 홀드라 요정이 보이지 않아

마법에 걸려 꼬리가 생긴 아름다운 여인 요정은
자유를 얻기 위해 사람들을 숲속으로 유혹하며
목숨까지도 앗아간다는데
아름다운 춤과 음악으로 유혹한 관광객들과
폭포 속으로 사라졌을까

네가 보낸 그림엽서 꺼내보지 않아도
어떤 산악열차인지 알겠어
인력으로 18개 터널을 뚫었을 그들의 노고를
터널 하나씩 관통할 때마다 네가 느꼈을 저린 통증을

만년설과 함께 너는 80년이 지나고
몇 천 년이 흘러도 이곳을 지키겠지만
나에겐 너와 작별할 시간이네

진초록의 플롬스바나 짧은 만남이었지만
오랫동안 너를 그리워할 여름이 되겠지

플롬스바나

핀란디아의 선율에 취하다
- 투르쿠, 헬싱키

 발트해를 항해하는 크루즈의 작은 침실 어둠에 묻혀 있었다. 움직임이 없는 움직임 속 또 다른 낯선 곳으로 향하는 여정 속에 핀란드는 어떤 모습으로 펼쳐질까. 크루즈 하산 후 버스로 헬싱키까지 이동한다. 최초의 수도로 핀란드에서 가장 오래된 도시 투르쿠의 아침은 고요를 넘어 적막하다. 수세기에 걸친 화재로 핀란드의 오랜 역사가 담긴 문화유산이 사라졌고, 핀란드가 러시아 영토가 되면서 러시아와 가까운 헬싱키로 수도를 이전하여 스웨덴을 통해 입국하면 가장 편리하게 헬싱키로 갈 수 있는 도시가 되었다.

투르쿠에서 가장 오래되었다는 투르쿠 대성당이 차창 밖으로 스치고 간다. 미리 보는 헬싱키 풍경으로 일본 영화「카모메 식당(갈매기 식당)」을 버스 안 TV로 상영 중이다. 나는 몇 년 전에 보았기에 창밖 풍경에 심취하였지만, 영화의 배경으로 나오는 항구와 하카니에미 재래시장 그리고 마리에코와 아딸라의 북유럽 인테리어를 감상할 수 있다. 또한 알바 알토가 설계한 아카테미넨 서점 2층 카페 알토 또한 두 주인공이 만난 장소이다.

스칸디나비아 3국과 아이슬란드, 핀란드를 합쳐 노르딕 국가인 핀란드는 12세기부터 스웨덴 십자군에, 120년간 덴마크에, 660년간 스웨덴에, 108년간 러시아의 지배를 받은 나라로 강대국에 새우 등 터진 아픈 역사를 가진 나라. 우리나라와 닮은 점이 많다.

러시아가 지배를 하기 시작하면서 민족주의가 싹트기 시작하였고, 민속학자 엘리아스 뢴로트가 핀란드 민족 설화「칼레발라」서사시를, 잔 시벨리우스가「칼레발라」를 교향시로 만들어 발표한다. 또한 잔 시벨리우스는 조국의 독립에 대한 열망을 고유한 선율로 담아 「핀란디아」를 작곡한다. 「핀란디아」는 핀란드인들에게 저항 의식 고취와 독립운동 의지 및 애국심을 갖게 하였다. 우리나라의 「아리랑」처럼.

노르웨이의 에드바르 그리그(「솔베이지 노래」)·체코의 안토닌 드보르자크(「유모레스크」)가 있다면 핀란드의 잔 시벨리우스(「핀란디아」)가 있는 국민영웅 잔 시벨리우스 공원이다.

시벨리우스의 근엄한 얼굴상에는 귀가 없다. 영감을 위해 구름이 조각되었다는 두상 뒤로 청명한 하늘이 그 옆의 약 6년간의 제작 기간을 거친 금속 파이프 600개로 파이프오르간을 형상화한 작품을 돋보이게 한다. 구조물 아래로 들어가면 파이프를 통해 하늘을 볼 수 있으며, 바람이 불면 기념 조형물에서 파이프오르간의 선율이 흘러나온다고 하는데 오늘따라 맑은 날씨는 어쩌나. 파이프에 부딪힌 오묘한 파열음을 들을 수 없다는 아쉬움이다. 여행 내내 비바람이 그렇게 소란스럽더니 정작 바람이 필요한 곳에서는 화창한 날씨다. 예측할 수 없는 것 또한 여행의 묘미겠지만.

현지 가이드는 설명이 끝난 후「핀란디아」를 들려준다. 여행 오기 전 열심히 들었던 곡을 작곡가의 공원에서 들으니 음의 빛깔조차 새롭고 웅장하게 들린다. 시벨리우스가 살았던 시대와 음악으로 독립을 표현한 그 마음이 어떠했을까. 시벨리우스가 태어난 헤멘린나의 생가가 궁금해졌다.

오늘도 여전히 마지막 버스 탑승자가 된다. 왜 보고 싶은 게 많고 꼭 깊이 보고자 하는지 대충 넘어가도 될 것을 다 보고 가야 된다는 강박관념은 꼭 여행지에서만 발동을 한다. 그렇다고 다 보는 것도 아니다. 공원 인근의 나무, 잔디, 오솔길, 호수 등과 어우러져 한 폭의 풍경화를 연출한다는 전체를 보지 못하였으니 나는 무엇을 본 것인가.

버스를 타고 지나면서 차창 밖으로 헬싱키 중앙역과 창문으로 하이파이브, 트램은 손 흔들어 주고 시내 한가운데 우뚝 서있는 칼 구스타프 만네르헤임의 늠름하게 서있는 기마상에게는 말없이 말하며 스윽 지나간다.

황제의 대관식과 모스크바 총주교의 장례식을 치르기도 했다는 붉은 벽돌 위에 지붕은 양파 모양 돔(꾸뽈라), 첨탑은 금으로 덮여 있는 우스펜스키 대성당은 러시아 정교회다. 러시아를 상징하기 위한 양파 모양 돔은 러시아가 지배했던 나라에는 꼭 이런 건축물이 있다. 내부 제단 벽에는 천연물감으로 그려진 그리스도와 12사도의 벽화가 있는데 특히 그리스도의 모습이 돋보여 제단화의 아름다움을 더해주고 있다.

 핀란드 루터교의 총본산인 헬싱키 대성당은 흰색 기둥에 파란 하늘과 구름 사이로 치솟은 민트색 중앙 돔에 네 개의 작은 돔으로 둘러싸여 아래서 바라보니 웅장하다. 현지인과 관광객이 어울려 성당으로 오르는 계단에 앉아 햇볕과 노닐고 있는 모습이 그림 같다. 나도 여기에 앉아 원로원 광장을 바라보며 낯선 사람이 되어보고 싶다.

 원로원 광장 한가운데 러시아 황제 알렉산드르 2세의 동상 앞 여성분이 무언가를 골똘히 생각하고 활짝 열린 배낭에는 색색의 펜들이 나란히 꽂혀 있다. 화가일까, 작가일까, 여행자일까, 궁금증과 여유로워 보이는 모습이 자꾸 내 발목을 잡아당긴다.

파이프오르간과 시벨리우스 두상   알렉산드르 2세 동상

 헬싱키의 재래시장인 마켓 광장(카우파토리) 앞에 붉은색 화강암으로 만든 오벨리스크 형태의 탑은 러시아 황제 니콜라스 1세의 황후 알렉산드라가 1833년에 방문한 기념으로 세운 「차리나의 돌」이 있다. 오벨리스크 탑 아래 서성이며 오지 않는 시어 한 토막 줍지 못하고 잘게 부서지는 햇살들. 상점에서 순록 인형 하나 에코백에 담는다.

 자일리톨과 토베 얀손의 첫 동화 『무민 가족과 대홍수』로 유명한 전설 속의 요정 무민의 나라, 19만 개의 호수와 1,000여 개의 사우나와 산타클로스의 나라. 핀란드의 여행을 머릿속으로 스케치하며 헬싱키 공항으로 간다.

　나에게 북유럽은 읽다 만 역사책이자 보다 만 화보였지만 사진첩에 오래 간직하고 싶은 자연이자 잃어버린 나를 찾는 시간이었다.

여름과 겨울 사이
- 그린델발트에 머물다

 나의 61주년은 안개 속 같았던 삶을 빠져나오는 출구인지 모른다. 뿌연 가림막에 가려져 앞이 잘 보이지 않았던 막막한 시절을 접는 경계선상에 아들과 내가 있다. 어리고 철없던 꼬마가 이렇게 성장하여 엄마와 둘이서 여행을 할 수 있는 시간이 왔다. 고단한 세월을 잘 견뎌준 아들에게 고마움과 아련함이 뭉뚱그려 가슴 언저리를 친다. 다섯 살 어린 나이에 아빠를 떠나보낸 그 아이가 건너온 시간은 헤아릴 수 없지만 잘 자라서 함께 온 스위스. 든든한 버팀목에 되어주는 아들이 되었다.

아이거산 중턱에 자리한 빙하마을*은 19시간의 비행과 4시간의 기차로 견딘 풍경이다. 그린델발트 반호프 거리를 트렁크로 드르륵드르륵. 빗줄기만 세차게 우리를 반긴다. 여름인데도 춥다. 숙소를 찾아가는 길. 아이거 북벽은 안개구름으로 몸 가리고 보여주지 않는다.

아이거봉과 융프라우봉은 사랑하는 처녀, 총각 사이. 중간에 수도승(묑크)이 방해하여 두 사람의 사랑이 이루어지지 못한 전설을 녹여내고 있다고 빗줄기 따라 트렁크가 대신 전하고 있다.

어제의 빗줄기가 안긴 그린델발트의 아침 한기에 어깨가 시리다. 아이거 북벽을 치고 가는 만년설을 끌어안고 구름을 지나는 지극히 낯선, 그러나 너무도 익숙한 풍광을 눈으로 찍으며 케이블카 타고 멘리헨 전망대에 간다. 눈 아래 찍히는 푸른 초원 목초지 위로 흘러가는 워낭 소리 잔설에 새기며 도착한 전망대 가는 길 사박거리는 눈을 밟으며 걷는다.

---

* 해발 1,034m의 그린델발트는 빙하가 내려왔다 하여 빙하마을로 부르기도 한다.

왕관 모양 전망대까지 오르내리며 얼굴이 지워지는지 모르고, 발목이 시큰거리는지 모르는 듯 찬바람 맞으며 벤치에 앉아 무리 지어가는 발소리 지운다. 잔설의 몸부림 그리고 안개와 구름으로 돋아난 시간 속 야생화를 읽는다. 나는 왕관 모양에 갇혀 사람들이 놓치고 간 고산식물과 파노라마로 펼쳐진 아이거, 묀히, 융프라우 봉우리 만년설과 푸른 여름을 깊고 눈부시게 받아 적는다.

전망대 꼭대기 벤치가 구름에 날고 있다. 누군가 엉덩이를 디밀자 알프스는 숨 고르기를 한다. 만년설 건너온 살빛의 순간 긴 시간을 버텨온 벤치 나무의 색과 함께 나도 깊어진다. 사람들이 흘리고 간 꿈을 먹고 바람이 건넨 사연 받아쓴 벤치는 시와 노래로 꿈을 키우고 있다. 우리도 벤치에 앉아 바람이 건넨 이야기들 모아 야생화에 전해본다.

잔설들 속 벤치와 나는 혹, 그대가 오지 않을까 심부전 환자처럼 설레는 맥박 수를 헤아려 본다. 바람의 시간들 뭉텅뭉텅 덜어내고 지운다. 오후가 전하는 서신을 벤치에 새기며 레스토랑에서 뜨끈한 차로 목축이고

동주와 산양

아이거를 안고 츄계산을 밀어내며 멘리헨에서 클라이네 샤이덱까지 야생화가 점멸하는 시간을 걷는다.

 언젠가 걸었을 듯, 그러나 처음인 이곳의 바람은 내 몸을 감고 나의 길을 만들고 있다. 나는 하이킹 길의 끝을 이으며 유모차 이끌고 가는 관광객들을 비집고 지난다. 어제를 밀어내듯 알프스에 나를 녹이며 내일을 간다. 여행이란 꿈을 꾸면서 멀리, 아주 멀리.

 자연이 이룬 풍경은 그림을 따를 수 없다는 그 말을 실감하며 알프스에 엉켜 지낸 하루. 내 안에 뭉쳐진 모든 것들을 설산이 대신한다. 인간은 자연에 미치지 않고 한순간도 목숨을 이어갈 수 없다고 한다. 자연 속에서 자연의 가치를 몸으로 깨닫는 것이 항구적인 자연 신화적 삶의 길이 된다고 하는 어느 작가의 말처럼.

 여름과 겨울 사이 그곳에 내가 있었다. 아들과 함께 우리가 있었다.

길은 끝이자 시작이다
- 체르마트 쓰다

 가슴에 명장면 하나쯤 간직하기 위해 여행을 떠난다는 이병률 시인을 생각하다 인생에 잊지 못할 시 한 편 낚고 싶어 여기에 왔노라고 나를 위안하며 체르마트 반호프 거리를 걷는다. 휘발유 차량이 운행할 수 없는 청정마을이다. 아기자기한 가게들 사이 이곳 물가의 높이와 내 주머니의 가벼움으로 그냥 눈인사만 나눈다. 여행자는 늘 허기가 진다. 마음의 허기와 육체의 공복감. 채워지지 않은 그 공허감을 키르히 광장 앞 아주 아담한 식당 퐁뒤의 향기에 젖어본다. 처음 먹어보는, 아니 부끄럽게도 육십 평생 처음 들어보는 이름과 함께 와인 향기 그윽한 퐁뒤에 젖은 감자알 입안에 맴

돌다 그만 혀를 깨물고 아픔을 디밀어 내는 어제의 내가 여기에 있다. 치즈의 고소함보다 느끼함이 김치를 생각나게 하는 어쩔 수 없는 김치에 길들여진 한국인으로.

 아들은 숙소에서 아직 숙면 중이다. 아침을 여는 마터호른의 일출을 보기 위해 나온 골목은 원목의 집들 창가에 걸린 화분들이 먼저 인사를 한다. 빙하가 녹은 마터 비스파 강물은 마을을 감싸고 흐른다. 강줄기를 따라 걷다 다다른 키르히 다리에서 고개 치켜세우고 바라보는 아침 내내 구름에 가려 문 열지 않는 마터호른. 어제 숙소 베란다에 앉아 바라본 마터호른 봉우리에 매달린 노을은 토마토색처럼 물들어 가는 풍경화 한 폭이었다.

 어제처럼 풍경 한 폭 가슴에 그려내며 나를 옮겼던, 저쪽에서 이쪽으로, 어둠에서 밝음으로, 안에서 밖으로, 너에게서 나에게로, 감정이 밀려오는 쪽으로 가고 싶다. 멈추면 모든 게 희미해질까 봐 두려움 속에 머물렀던 나를 꺼내듯이 온종일 마터호른 붉음에 타버려 까맣게 사라질 때까지 기다려 볼까. 그러나 어제의 강렬한 자태를 보여주던 마터호른 모습을 아침에는 보여주지 않는다. 키르히 다리 한가운데에 아쉬움은 또 다른 아쉬움을 남긴 채 서 있다 뒤돌아보니 산악인의 공동묘지다. 삶과 죽음의 경계선에 비스파 강물 점선으로 만나 실선으로 흐르는 잠깐의 그 하루가 우리 인생이라 말하는 듯하다.

 고르너그라트를 오르는 산악열차와 함께 마터호른이 자꾸 어깨를 친다. 걸음마다 나고 죽는 수백 개의 내면에 도착하는 길. 초록물 들고 싶어 걸을 때마다 설렘 가득 담고 다다른 곳. 먼 설산의 만년설 녹은 물줄기가 이룬 라펠제 호수다.

 마터호른이 반영된 호숫가에 돗자리 펴고 아들과 나는 샌드위치에 설산의 물줄기를 적신다. 납작 봉숭아 한입 베어 물 때마다 서걱거리는 감정의 부정맥 어쩌지 못해 멀리 산악열차에 실어 보내는 오후 한때. 돗자리 건너 가끔씩 스쳐 가는 트레킹족들과 관광객이 엉켜지는 풍경 속 아슴히 저며 오는 기억의 저편. 묻어둔 세월이지만 이럴 땐 대책 없이 몰려오는 그리움이다. 함께라면 어떤 기분일까. 멀리서부터 따라온 바람은

라펠제 호수

마터호른

혹한의 빙하와 혹서의 마른 초원을 홀로 지킨 그리움의 숨결로 젊음, 그 시절의 내가 그렇게 넘긴 책장 속 한 줄 그어진 밑줄로 남는 시간이다.

 수네가 파라다이스 전망대 아래 라이제 호수 야생화 융단을 깐 길 딛는 첫발 혹은 마지막 발 나는 들판의 구석 가장 좁은 길목 구석에 앉아 있다. 차고 희고 푸른 빙하 호숫가로 사람들 그림자 만들며 텁텁한 땀방울 뚝뚝 한낮을 지우며 지나간다. 오늘을 지나 다시 오늘이 되는 기록 되지 않는 곳으로 구름은 마터호른을 넘는다. 아들과 나도 마터호른 바라보며 앞서거니 뒤서거니 알프스 한 자락을 온몸으로 휘감으며 가지 않는 길을 지나쳐 오지 않는 곳으로 몸과 마음과 자연이 하나가 되어 계획 없이 걸어가고 있다.

 부드럽지만 따뜻하고 흔적 없이 구르메 하이킹 길은 끝의 시작에서 시작의 끝 쪽을 향해 기억을 떠난 풍경이 오늘을 기록한다.

발효되기까지
- 그뤼에르 맛보다

 명절 혹은 애경사 때만 되면 홍어 삭히는 암모니아 독한 향이 폐까지 스미던 어린 날의 기억이 치즈 공장에서 새록새록 피어난다.

 발효 향 더는 견딜 수 없는 퐁뒤의 시발역. 기다림은 더 깊은 기다림으로 견디라 했던가. 소금물로 덧칠하며 돌아눕는 다시 돌아누울 곳 없는 맛의 유전을 따라가고 싶어, 프리부르의 고향 푸른 초원에 오래도록 머물고 싶어, 짜고 향이 진한 치즈 한 입 질겅질겅 씹으며 씁쓰레한 슬픔은 파란만장의 세월에 덮어놓고 제대로 된 기쁨의 술잔 들이켜고 싶어, 누군가 놓고 간

그리움 한몫까지 멀리 아주 멀리 보내고 싶었을지 모를 내 안의 뜰. 숙성은 더 지극한 숙성으로 맞서라 했던가. 발효 창고 층층 둥그렇게 눌어붙어 길고 먼 시간 가라앉혀 놓듯 후미진 귀퉁이 기대어 끙끙 어디에나 발효되지 않을 남은 생 라클렛처럼 녹아내리지 않을 홍학으로 날고 싶어.

 짜고 향이 진한 치즈 한 입 질경질경 씹으며 삭을 대로 삭은 홍어 살점을 생각한다. 발효의 문장 어렵듯 발효의 과정은 내가 살아온, 앞으로 내가 살아갈 인내를 구히에 치즈가 말하는 듯하다.

 치즈 공장에 입장하면 한글 안내 팸플릿 '체리 이야기'와 샘플 치즈를 준다. 체리 시즌에 태어났다고 하여 붙여진 체리는 검은 점박이 소 이름이다. 구히에 치즈의 원료인 체리는 1년에 두 번 포야 여행을 하며, 그 여행길은 백리 향, 큐민, 보라색, 하얀색 클로버의 풀들을 뜯어 먹고 후식으로는 바닐라 향 난초를 먹는다는 소 체리다.

 치즈 공정 과정은 400리터의 우유가 모여 35kg의 치즈로 탄생시키기 위해 20시간의 소금물에 잠겨 소금 성분의 반을 흡수하고 14도의 암모니아 냄새로 깊고 풍부한 맛으로 태어나는 구히에 치즈는 홍어와 닮은 듯 닮지 않은 듯.

 짭조름한 맛을 뒤로하고 구불구불했던 마음 곱게 펴며, 목가적인 꼬마성당을 옆에 지나 1270년 세워진 그뤼에르 성을 오른다. 부슬부슬 빗방울이 더욱 암울하게 하는 그뤼에르 성 박물관 내부는 고요하다. 방문객이 드문드문 유럽의 고성이 그러하듯 한 시대를 풍미했던 성주들이 남긴 세련된 장식품과 유물은 화려하다가 암울하고 고전적인 중세의 모습 그대로를 담고 있지만 왠지 모를 답답함에 서둘러 박물관을 나온다.

'살레 드 그뤼에르' 레스토랑의 라클렛에 녹는 치즈의 물컹함이 뜨겁다. 퐁뒤에 버무려진 감자와 조각 빵은 치즈의 고소함보다 느끼함이 더해져 김치를 생각나게 한다. 스위스 초현실주의 화가 H.R. 기거 바에서 가짜 뼈로 만든 아치 지붕과 두개골로 가득한 선반 등을 바라보며 씁쓰레한 커피와 머랭의 달콤함에 젖어 본다. 생체학적으로 만든 의자에 앉아 있으면 마치 뼈

구히에 치즈

의 구조물들이 내 살 속을 파고들 것 같고 테이블은 기괴한 괴물 같다는 생각에 등짝이 오싹하다.

 브록 패브리 역에서 내려 조금 걷다 보면 밀크 초콜릿을 처음 만든 초콜릿 브랜드 메종 까이에-네슬레 초콜릿 공장과 박물관이다. 종류별로 시선을 사로잡는 초콜릿 한 움큼의 유혹들 뿌리칠 수 없어 먹다 보면 느끼함이 번진다. 무한의 시식은 무리수다. 필히 생수 한 병 뒷주머니에 넣어가라는 꿀팁. 아니면 쓰디쓴 커피 한 병이면 무한 시식이 가능할까. 글쎄 그것 또한 미지수다.

 빗방울 뚝뚝 등 돌려 철길 위에 섰다. 동양인은 아들과 나. 현지인과 서양인 서름서름하게 서로를 훔쳐보면서 기다리는 열차는 멀리 있다.

농약 맛 어떠한지요?
- 라보에 취하다

셰브레역에서 바라본 포도밭이 내 눈을 열고 마음 안으로 들어왔다. 로잔과 몽트뢰 사이에 위치한 포도 재배지다. 포도 넝쿨 알알이 박힌 셰브레 계단식 언덕 마을과 포도밭은 풍경마저 달콤하다.

레만호수를 바라보며 카페 '르텍'에서의 샤슬라 화이트 와인에 취하지 않으면 안 될 것 같은, 취해서 한 번쯤 그늘진 나의 속 뜰을 펼쳐 보이고 싶다. 내가 세운 기둥에 받쳐 뻗는 넝쿨, 내가 쳐놓은 가시울타리, 누구도 접근 못 하게 내가 뿌려놓은 농약처럼 하얀 마음 가루 모두 훌훌 털어버리고 나면 그곳의 질서와 고요가 내 속 뜰에까지 울림으로 올까.

 '세 개의 태양'이 자리한 지역. 하늘의 태양, 호수가 머금은 태양, 그리고 경작지를 따라 형성된 벽에 머금은 태양이 포도송이를 키우는 길을 걷는다. 햇살이 포도 넝쿨을 넘어 내 발밑까지 밀려와 찰방거린다. 고요하게 때론 환하게 남실거리는 빛을 끌어당겨 온몸을 덮는다. 덥다. 묵직하게 포도송이 익어가듯 앞날의 나도 무지개 색으로 나이 들어가면 좋을 텐데, 작은 마음 담아본다. 죽음이란 깊은 상처와 슬픔의 터널을 통과한 아들과 나의 앞날이 보랏빛 포도송이로 넘실거린다.

레만호수

포도밭 하이킹 코스는 우리 둘뿐이다. 모두 라보 익스프레스 꼬마기차를 탔는지 인적 없다.

울타리 너머 청포도 한 알에 입안이 달콤함에 물든다. 포도 한 알에 절도죄명을 붙이는 아들의 핀잔이 음악처럼 들린다. 몰래 맛보는 짜릿함 뒤에 오는 맛의 향연이다. 누군가를 사랑한다면 이런 맛이 나오지 않을까 하는 달달함이다.

"농약 맛이 어떠하신지요, 민재 씨."
"그 어디에서도 맛볼 수 없는 달콤함이지요, 동주 군."
"청색보다 백색을 선호하시나 봐요. 민재 씨."
"주인이 손대지 말라고 뿌려놓은 농약 가루에 숨은 청포도의 유혹이 더 강렬하군요. 동주 군."

그렇게 주거니 받거니 샹 샤프랑 마을까지 아롱아롱 걷는다.

오늘이 쓰고 지워지는 사이, 길의 끝에 호수를 낀 샹 샤프랑 간이역이다.

로잔행 열차를 기다린다.
나를 기다리다 잃어버린,
내가 웃으려다 놓쳐버린,

그 시간을 따라 멈춰버린,

나는 끝없이 펼쳐진 포도밭을 바라보면서.

9번째 月과 日
- 단테와 베아트체

 인류에 큰 영향을 끼친 도시. 토스카나 지방을 말할 때 "이탈리아는 사람을 미치게 만든다. 토스카나는 사람을 두 번 미치게 한다. 도착할 때 한 번, 떠날 때 또 한 번." 외면의 아름다움에 매료되기도 하지만 내면에 깊이 뿌리 내린 르네상스 정신 때문에 그렇게 표현하는지도 모르겠다.

 역사와 예술, 문학과 과학에서 천재들 브루넬레스키, 기베르티, 다빈치, 미켈란젤로, 보티첼리 등이 있었기 때문이기도 하겠지만 르네상스 시대 정신을 꽃피울 기반을 조성한 것은 메디치 가문이다. 학문의 중요성을 인식한 메디치 가문은 중세 암흑기에서 벗어나 르네상스를 꽃피울 예술가와 학자들을 발굴·후원하였기에 가능한 일이었다. 예술품들은 인간 정신을 숭고한 경계로까지 날아오르게 하는 수단이라 한다. 그런 예술품을 만들어 낸 피렌체.

 낯선 샛길, 낯선 건물 사이사이 시뇨리아 광장 가는 길. 단테의 집 앞 벽과 보도블록에 새겨진 단테 두상과 눈 맞춘다. 그냥 보면 희미한 형태로 남은, 그 부분에 물을 부어서 보면 선명하다. '단테 두상을 찾아 밟으면 좋은 일이 생긴다' 하여 중요한 일을 앞둔 사람들은 일부러 찾아본다는, 사진 한 장 찍어 보내고, 유럽에서 4번째로 크다는 산타 마리아 델 피오레 대성당. 꽃의 마리아 성당에 간다.

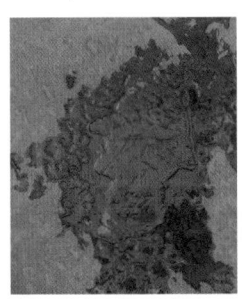

단테의 두상

조토의 종탑이 푸른 하늘을 찌르고, 건축의 역사를 새로 쓴 브루넬레스키의 작품이 대성당 주황의 돔이 가슴 뛰게 한다. 조토의 종탑에 올라 피렌체의 아름다운 시가지를 바라본다면 행복하겠다는, '아름다움에 넋을 뺏겨 심장이 뛰고 쓰러질 것 같은' 경험을 했다는 작가 스탕달의 말이 실감 나겠다. 또한 우피치 미술관의 보티첼리의「비너스의 탄생」을 못 보고 가는 아쉬움이 깊다.

 예술의 본질은 '없애는 것'. 그래서 조각예술의 한 장르를 개척한 미켈란젤로와 예술의 본질은 '덧붙이는 것'이 회화예술의 최고 장르라는 생각을 갖고 있는 레오나르도 다빈치. 두 거장의 갈등이 심했다 하니 예술가로서의 자존심이 아닐까.

 누렇게 뜬 아르노강 물 따라 온 베키오 다리. 베벤누토 첼리니 동상 앞 단테와 베아트리체는 없다. 평생 베아트리체를 품고 산 단테의 사랑 안 이별도 없다. 그러나 내가 온 길을 다시 가야 하는 베키오 다리에서 길을 잃었다. 사방 천지 붉은빛 각막을 뚫고 머릿속은 하얗다. 페트라르카가 절절히 사랑했던 라우라, 단테의 사랑 속 베아트리체는 시로, 소설로 다시 태어났지만 그 어디에도 없는 내 사랑은 길 잃고 아르노강 물에 둥둥 떠다닌다.

 잠깐 아주 잠깐의 나를 놓아버리면 나는 어디로 흘러갈까. 아련한 추억 속에 떠 있는 어떤 이미지를 품고 사는 것. 아름다운 건축물과 예술품 뒤 틈새에서 솟아오르는 온갖 형언하기 어려운 색채와 형상들. 내가 만난 피렌체는 내가 품고 살 수 있는 추억 속의 이미지가 되길 바라면서. 우두커니가 되어본다. 베아트리체를 생각하는 단테의 마음으로.

>초하루 그리고 오월 폴코 포르티나리 파티에서 보았습니다
>서로의 감정에 대해 말할 수 없었습니다
>아홉 살 나는 혼자만의 사랑 안개 속에 흘러내렸습니다
>
>나를 파먹다가 부스러기가 된 아홉 해를 건너왔습니다
>폰테 베키오 다리를 가득 채운 빛의 그대에게 빨려갑니다
>건네고 싶은 말은 입안에서 솜사탕처럼 사라집니다

베벤누토 첼리니 동상 사랑의 열쇠 풀어놓고
빛의 그대 모습 훔쳐만 보다 돌아섭니다

그대에게 물들고 싶은 마음 접을 수가 없습니다
젖을 수 없는 나라에 있습니다
그대에게 물들어 있었던 오랜 기억의 시간이 '환상 여행기'*로 꽃피고 있습니다
우리 맞잡을 수 없는 손 내가 내 손을 잡습니다
스물넷, 그대는 아르노강 물 따라 갔습니다
내가 본 두 번의 만남
그 사용설명서에 아흔아홉 개의 칸토와 서곡에 그대 있습니다

나는 플로렌스에 추방당하고 그대를 품은 고향을 잃습니다
반평생 순례길 컴컴한 숲속 헤맸습니다
열병은 라벤나에 나를 부려놓았습니다

신곡 안에 베아트리체는 잘 있습니다

---

*   단테의 『신곡』.

신곡 밖의 단테도 잘 있습니다

혼자만의 우리는 혼자인 만큼의 서로에게 함께입니다

완벽한 폐허
- 폼페이

  여름을 재촉하는 비가 추적추적 내린다. 우산 끝으로 떨어지는 빗방울이 최후의 그날을 설명하는 것 같아 슬픈 석류꽃 물 뚝뚝, 우리를 반기며 오후를 삼키고 있는 포르타 마리나와 만난다. 비에 젖은 아본단차 중심가 2000년 전 로마제국으로 들어가는 시간의 통로 따라 걷는다. 큰 판돌 깐 도로는 비에 젖어 미끄럽다. 디딤돌 사이 마차가 지나갔을 선 자국 선명한 옆에 새겨진 남근 형상 표시가 새롭게 다가선다. 사창가를 가리키는 표시? 아니면 부와 행운을 상징하는 표시? 지붕 없이 폐허의 집터 기둥 비집고 양귀비꽃 주홍의 빗물 빌려와 더욱 화사하게 웃는다.

날 저물고 판돌 위로 구르는 이슬 차다
용암 쏟은 베수비오 침묵이다
사라진 도시 지독한 자세의 화석
아름답다 할 수 없는 무거운 사랑
순간의 굳은 표정 말린다
화산재 수백만 대군을 이끈 폐허 신전의 사체가
공포로 허우적거리는 지붕의 속살 드러난 틈새로
은빛 별들이 하늘 채우고 있다
시간 모르는 신전 사이
드문드문 핀 꽃, 양귀비 붉은 눈
내가 나를 내보이지 않으려는 닮은듯하여
충혈된 눈망울 더 붉어진 어둠의 유적지 기둥들
온몸으로 지탱하고 있는 나를 본다
견디는 것이 머물 수 있는 삶이었기에
몇 세기가 피었다 지고 이제 사라진
폐허의 신전들 무너진 한 귀퉁이 문질러
가슴에 갖다 대어본다
이루어지는 것
힘들어도 무너트릴 수 없는 것이
서로의 마음 지탱해 주는 것이라면
내 신전은 그대이다

욕심은 길을 만들고 바람은 그 길을 지운다는데, 실제 폼페이는 성적 타락이 매우 심했던 곳이라 한다. 홍등가에는 빛바랜 포르노의 프레스코 그림이 벽과 천정에 있다. 옛적 소돔과 고모라의 땅과 같이 번성했지만 성적으로 타락한 곳, 완벽한 폐허의 도시. 경작된 땅이나 채소밭과 연관되었던 비너스가 아이러니하게 사랑과 쾌락의 도시 폼페이의 수호신이었다니. 사랑이나 여성의 아름다움과 연관되기 때문에 수호신일 수도 있겠다는 생각을 해본다. 고대부터 예술의 주제가 되었으니까. 조각상「밀로의 비너스」와 산드로 보티첼리의 그림「비너스의 탄생」이 말해주듯이.

 스타비아 공중목욕탕을 지나 가마형 벽돌 화덕과 대형 맷돌 돌아가는 빵집 뒤로 대리석 기둥 즐비한 포럼에서 우산 속 기념사진 한 장 찰칵. 카피톨리니 신전을 돌아 나오는 길에 팔다리를 잃고 고개 숙인 청동상. 목덜미를 당긴다.

 카르페 디엠. "현재를 즐기며 마치 인생 마지막 날처럼 살라."는「죽은 시인의 사회」에서 키팅 선생님의 음성이 들리는 듯하다. 폐허의 폼페이 여기, 지금의 나에게 묻는다.

카르페 디엠의 삶을 살고 있는지? 민재!

인간 석고

리몬첼로에 아롱아롱
- 소렌토

 폼페이 스카비역에서 소렌토 가는 기차를 기다리다 만난 어린 소녀. 한국인 관광객으로 가득한 비좁은 틈 비집고 갑자기 카세트 음악에 맞춰 춤을 춘다. 잘 추지도, 예쁘지도 않은 춤 아니 춤이라기보다는 그냥 몸을 흐느적거리는 모습이 안쓰럽다. 앵벌이?

 엄마인지 어느 집단의 사주를 받은 여자인지 모르겠다. 좀 떨어진 자리에서 지켜보고 여행객들 구경하는 사이 기차가 들어온다. 순간 곽효환 시인의 시 한 토막이 자리를 잡는다. 「잃어버린 것과 가져온 것」의 시 일부다. "남루한 차림의 작은 소녀가 내민 들꽃 한 송

이의 당혹감에 주머니 속 10유로짜리 지폐를 만지작
거리다 끝내 어린 소녀의 얼굴만 가져왔다."는 구절이
떠올라 씁쓸하다. 그 어린 소녀의 춤을 보면서 내가 잃
어버린 것은 무엇이며 가져온 것은 무엇일까.

  종착역 소렌토 역을 나오자, 시인 잠 바티스타 쿠르
티스의 흉상이 반긴다. 형 잠 바티스타 쿠르티스의 詩
로 동생 에르네스토 쿠르티스가 曲을 붙인 「돌아오라
소렌토로」 음악 교과서에 배웠던, 그래서 익숙한 소렌
토가 정겹게 다가선다.

  가로수 길 오렌지 주렁주렁, 르네상스 시대의 시인
토르구아트 타소를 기리는 이름 '타소광장'. 현지인과
관광객들 어우러져 생동감 넘친다. 이탈리아 성악가
'카루소'가 생을 마감한 엑셀시오르 호텔을 지나간다.
홈 메이드로 유명하다는 프리마베라의 젤라토 길거리
에 서서 먹는 맛보다 카프리섬 유람선을 타기 위해 마
리나그란데 선착장 가는 내리막길. 이탈리아 전통 술
리몬첼로에 얼큰하게 취하듯 지중해 물빛은 아른아른
하다.

새의 몸에 여자의 머리와 목소리를 가진 바다 괴물 세이렌. 아름다운 노랫소리로 뱃사람들을 유혹해 바위에 부딪혀 죽게 하여, 이곳을 지나는 모든 배들은 좌초되거나 바다에 가라앉아 무사히 살아나올 수 없었다. 20년 만에 고향으로 가는 오디세우스는 자신의 몸을 기둥에 단단히 묶고, 일행들은 밀랍으로 귀를 막아서 음악을 듣지 못하게 했다는 그리스의 작가 호메로스의 「오디세이아」에서 말하고 싶었던 것은 무엇일까. 인생의 고통이나 시련을 전쟁을 통해 보여주고 어떠한 유혹도 견뎌낼 수 있는 인간의 의지를 세이렌으로 대신한 것. '우리는 누구인가?, 우리는 어디를 향해 가고 있는가?' 이 질문 속에 작가는 영웅 '오디세우스'를 통해 인생의 가치를 제시한 것은 아닐까. 생각해 본다.

몰타의 고조 섬 여행 중 람라 베이 해변. 바다 쪽의 절벽에 있는 동굴이 위험하여 칼립소 동굴은 폐쇄되었고 동굴 보지 못한 아쉬움 속 여행을 함께한 일행들 사진 찍어주다 미끄러져 오른쪽 발목을 다친 기억이 새록새록 솟아난다.

트로이 전쟁이 끝난 후 고향으로 돌아가던 중 폭풍으

로 섬에 표류하게 된 오디세우스, 요정 칼립소는 오디세우스를 불사신으로 만들어 줄 테니 영원히 같이 살자고 한다. 오디세우스는 거절하고 제우스에게 도움을 요청한다. 칼립소의 사랑인지 집착인지 모를 7년을 접고 칼립소 동굴을 떠난다. 귀향 본능의 오디세우스와 귀향길을 막으려는 '세이렌과 칼립소'가 겹친 하루다.

아픈 체코
- 위령비 지나 페트르진

　우예즈드 트램 정거장에서 내려 조금만 비틀어 가면 도로를 바라보고 한 단 한 단의 계단에 서 있는 공산주의 피해자 추모비 조각상을 만날 수 있다. 인간 본성의 상징성. 그 자유의 무게가 얼마나 무거운지 신체를 구분할 수 없이 일부가 훼손된 채 좀비처럼 서 있다. 꾹 다문 입과 온전한 몸의 형태로 시작된 가슴이 찢기어진 모습부터 팔목은 잘려 나가고 없다. 머리부터 한쪽 상부가 사라진, 외발로 서 있는 공산정권에 피폐해져 간 억압의 표정들이 구름을 붙잡고 있다.

　일제 식민지 36년을, 6.25 전쟁을 겪은 우리 조상들

혹은 그 시대를 살았던 부모 세대의 삶이 이곳에서만의 이야기가 아님을 추모비 조각상 앞에서 실감하며 해그림자 지는 위령비를 무겁게 지나 말랑말랑한 길은 접어두고 페트르진 가는 등산열차 푸니쿨라를 탄다. 모두 걸어서 올라가나? 손님이 없는 푸니쿨라가 한적해서 좋다.

 날갯짓에 실려 온 소리의 근원지를 찾다 보면 물색없이 붉디붉은 장미정원을 만난다. 관광객에게 시달리지 않고 피곤한 눈을 시원하게 환기시켜 주는 녹색 위에 펼쳐진 색의 잔치. 여유롭다는 것은 완전히 나를 만날 수 있는 순간이자 여행의 기쁨 아닐까 잠시 생각을 접고 아들은 나를 푸른 길로 이끌며 바람을 통과시킨다. 해찰하지 말라며 이끄는 대로 그 옆길로 살짝 비껴가다 보면 야생화 흐드러진 공원 한편 잔디밭 아빠와 아기가 청동상을 사이에 두고 무언의 대화를 나누는 모습이 그림엽서 같아 발길 멈추고 또 그렇게 한참을 바라본다.

현지인 아빠와 아들

 아빠와의 추억이 없는 아들 마음의 깊이를 알 수 없고, 나는 그리움조차 없는 아빠를 아들에게 어떤 존재로 남아 있을까 궁금해하다가 나에게도 남은 그리움이 있기는 한가 생각해 본다. 우리가 견디며 건너온 세월과 함께 우리는 어린아이와 아빠의 배경이 되어 결을 이루며 해가 어두운 쪽으로 기우는 그림자와 함께 조용히 걷다 도착한 전망대.

 에펠탑을 본떠서 만들었다는 페트르진 탑 그 229개의 나선형 계단을 오른다. 아래를 보면 아찔한, 올려다보면 아득한 계단. 어지럽고 멀미 날 것 같은데 왜 그리 바람은 세차게 얼굴을 후려치고 가는지. 떠나간 것들은 다시 오고, 다시 온 그 무엇들로 인해 외로워질 때 그리움으로 내 곁을 떠났던 것들을 다시 만날 수 있는 것. 내게 여행이란 그런 것이라 여기며 그 바람과 맞서며 씩씩하게 오른다.

 헉헉거리며 올라오니 프라하성이 아득한 한 뼘이다. 걷고 타고 동동 구른 길들과 볼타바강의 다리들이 내 눈 아래 가만히 엎드려 있다. 산뜻한 공기에 취해 바라보는 프라하시 아름다운 풍경을 만끽하는 기쁨도 잠시, 바람에 실려 간 걸까. 갑자기 아들의 핸드폰이 숨을 멈췄다. 액정 화면은 까맣게 움츠린 채 무반응. 어쩌나 우리의 일정 3일째 이제 시작인데(숙소에 돌아와 해결됨). 그래도 내 폰이 있으니 다행이라 여기며 된바람 맞으며 내려와 무심코 들어갔던 아치형 통로가 나오니 굶주림의 벽이 두 팔 벌리고 동공 안으로 들어왔다.

 카를 4세가 이룬 획기적인 업적으로 보헤미아 왕국에서 체코 공화국까지 1000년이 넘는 동안 시공된 성벽이다. 한파와 가뭄으로 하층민의 생활고가 심해지자 백성을 긍휼히 여기고 돌보아 사회를 안정시키려는 목적으로 필요한 인력을 프라하의 거지, 하층민, 생계형 범죄자들을 모아 성벽을 축조하는데 보수는 화폐 대신 옷과 식료품을 주었다는 굶주림의 벽은 쓸모없이 방치되어 있다.

 노을에 물든 길 내려오는, 성 로렌스 성당 지나 스트라호프 수도원의 종소리 길게 눕고 페트르진 전망대 어둠에 가려지며 피곤한 다리 찌릿하다. 그러나 마음만은 박하 향기처럼 환한 오늘이다.

프라하의 밤
- 천문시계와 프라하 야경

 잔뜩 흐린 날씨 모스트레기이 다리에서 잠시 옆구리 틀고 엘리베이터로 내려오면 스트르젤레츠키 오스트로프 섬. 축제의 날 공연이 있는 듯 음악 소리의 유혹에 끌려 살금살금 다가선다. 푸르름이 반기고 남자 가수의 고혹적인 음성이 현악기와 타악기와 어우러져 공명을 이룬다. 그들의 연주에 맞춰 엄마와 꼬마의 열광적인 춤사위가 섬을 뒤흔들고 있다.

 "음악은 시간 예술이다. 매 순간 사라지는 소리들이 태어나고 죽고 다시 태어난다. 흐르는 물은 공간의 음악이다. 시작과 끝을 구분할 수 없는 물살이 오면서 가고 가면서 온다. 체코 민족음악의 창시자이며 처음 보헤미아 민족주의 작곡가인 스메타나는 굴곡 많은 민족의 생명력을 블타바강 물결 같은 음악으로 형성화했다."『7개 코드로 읽는 유럽도시』에서 윤혜준 작가의 말처럼 오스트로프 섬을 끼고 도는 블타바강 물은 스메타나의 선율과 함께 흐른다.

 공원 벤치 군데군데 휴식을 취하고 있는 시민들 머리 위로 푸른 나뭇잎 씨굴씨굴 논쟁을 벌이듯 쉰 소리를 내고. 무슨 반역을 일으키듯 강물은 우우우. 섬을 에둘러 곧게 뻗은 나무들은 구름의 말을 엿듣고 있다.

 우리의 오후를 이 섬에 조촐하게 펼쳐놓았다. 맨발의 풀밭 위를 비틀거리다 지치면 멍하니 앉아 바라보는 강 너머의 프라하성을, 벤치에 누워 프라하의 모든 공기를 몸으로 흡수한다. 조급해하지 않고 여유롭게 잠시 이곳의 시민이 되어 즐기는 여행은 그리 튼실하지 못한 엄마를 위한 아들의 배려다. 젊음에 이곳저곳 둘러볼 곳 많은 여행지에서 한적하게 벤치에 누워 쉬고 있는 우리는 여행자인지 현지인지 잠시 헷갈린다. 오스트로프 섬 먹구름 사이로 간간이 뿌리는 빗방울에

보트 한 척 강물에 밑줄 긋고 지나간다.

 갈매기 날개 사이로 붉은 지붕들 비집고 무지개 활짝 길을 열고 있다. 머물러 있어야 보이는 것들과 움직여야 볼 수 있는 것 틈새로 어둠이 내려앉으며 강은 조금씩 검붉은 멍이 든다. 강물이 건물의 조명에 별빛 대신 반짝거리며 깊어져 가는 프라하의 밤.

 제법 굵어진 빗방울 맞으며 프라하 야경에 취해 모든 고민들 잘게 쪼개어 흩뿌리며 우리는 서로가 우산이 되어주며 걷는다. 젖은 돌길이 불빛에 반짝반짝. 비 때문일까. 북적거리던 도시 인파가 어디론가 숨 쉬러 갔는지 밤거리는 한적하다. 빗길 뚫고 붉은 트램 쌩쌩 지나간다. 국립극장 조명은 더욱 빛을 발하고 우리의 발걸음은 풍경 하나라도 놓치기 싫어 더욱 느려지고 있다.

천문시계

'달이 낮에도 뜨기 때문에 프라하의 햇빛은 파랗다고 한, 외롭고 뜨거워서 저녁이면 강으로 나가 울던 카프카를 노래하던' 권대웅 시인의 음성이 여기까지 들리는 듯하다. 그러나 강물 위에 뜬 1,000개의 붉은 달은 건물에서 삐져나온 조명이며, 프라하의 대표 브랜드이자 『변신』의 작가 카프카는 이곳에서 태어나고 활동했지만 글은 독일어로 썼으며 프라하를 그다지 좋아하지 않았다고 한다.

어둠 속에서 더욱 빛을 발하는 구청사 앞으로 날렵하

게 밤 고양이가 지나간다. 15세기 프라하 대학의 수학 교수였던 하누슈의 무수한 레시피와 무수한 법칙으로 만들어진 천문시계. 매시간 정각이면 오른쪽에 매달린 해골이 줄을 잡아당기면서 반대편 손으로 잡고 있는 모래시계를 뒤집는 동시에 두 개의 문이 열리면서 각각 여섯 명씩 12사도들이 줄줄이 지나가고 황금 닭이 한 번 울고 나면 끝이 나는 전 세계인의 이 울림을 보기 위해 몰려든다.

시청은 하누슈가 두 번 다시 시계를 만들지 못하게 장님으로 만들었고, 그는 자신이 만든 시계를 마지막으로 만져보기 위해 시계탑 위에 올라가 시곗바늘과 함께 낡은 신발을 끌고 떠났다. 그렇게 400년이란 숫자가 훌쩍 넘겨졌고 1860년에 수리를 하여 현재에 머물고 있다는 슬픈 이야기 속 슬픈 눈을 가진 슬픈 손가락의 슬픈 하누슈.

이 저녁의 적요는 중세의 것. 쏜살같이 빠져나간 것들이 너무 많은 시계탑 아래로 헐렁해진 불빛들 빗방울에 구르고 있다. 우리의 발걸음도 프라하의 밤비와 함께 젖어간다.

사라진 왕국의 역사
- 튀르키예 넴루트

넴루트산 중턱의 유프라트 호텔이다. 흐르는 시간 따라 변해가는 주변 풍광들. 하늘 가까이에서 낭만적인 저녁 식사는 반찬이 풍경이다. 발아래 산등성이 뱀처럼 부드러운 곡선을 그으며 솟은 사이로 저녁 햇살이 산봉우리 옷을 벗기고 있다. 작은 미련이 남은 노을 산봉우리 떠나지 못하고 어슬렁거린다. 푸른 하늘에 하얀 반달 살며시 드밀면서 쏟아지는 별빛. 내게 달려오는 북두칠성 안에 알싸한 맥주 한 국자씩 떠내는 넴루트.

바람의 계단 걷는 불안전한 시간이 관절염 앓는 무릎처럼 삐걱거린다. 어둠의 소리들이 흘러내리는 넴루트산 오르는 새벽. 죽어서도 신이 되고 싶었던 콤마게네 왕국의 안티오코스 1세의 무덤가는 사방이 어둠이다. 무척이나 뜨거웠던 그 삶과 죽음으로 죽음을 넘어서고자 했던 열망의 왕 안티오코스 1세.

셀 수 없는 어둠의 날을 지나왔지만 어둠이 어떻게 태어나고 죽는 건지 모른 채 살아온 어둠을 오르는 길. "낮에 보면 역사이고 밤에 보면 신화가 된다. 역사가 오래되어 신화가 되었다." 김성 교수의 말처럼 지금은 어둠뿐이니 신화가 된 안티오코스 1세. 깊은 밤에서 새벽으로 가장 어두운 파랑이 시작되는 안티오코스 1세는 역사가 되는 걸까.

차곡차곡 발 내딛는 '콤마게네'는 지역 명칭이자 사람 이름으로 페르시아 제국의 귀족이었다. 콤마게네 왕국의 안티오코스 1세는 로마의 폼페이우스 장군에 의해 이 지역의 왕으로 인정받았다.

바람이 세다. 일출 오기 전 자갈로 덮인 불가사의한 거대 무덤 앞에 놓인 신전 및 석상들이 하나 되어 풍경을 그린다. 지진으로 몸체는 제단에, 머리는 바닥에 분리된 채 각자 놀고 있는 동쪽의 테라스 석상 아폴로, 콤마게네 여신, 제우스, 안티오코스 1세, 헤라클레스, 독수리, 사자 석상 앞으로 담요 뒤집어쓴 여행객들 설렌다.

 산 너머로 번지는 수정처럼 투명한 새벽빛 서서히 세상을 향해 윤곽을 드러내는 붉은 태양. 해발 2,000m가 넘는 곳에서 맞이하는 일출은 잠을 설치고 와도 아깝지 않을 장관이다. 잿빛 석상에 모래알처럼 햇빛이 부서진다. 투명하던 빛이 주홍색을 띠며 밝아지면서 시시각각 달라지는 석상의 표정. 안티오코스 1세는 매일 새롭게 깨어나 지상을 내려다보고 있겠지.

 돌무덤과 석상에 내려앉은 붉은빛, 파란 하늘과 대비를 이루며 사진으로 담을 수 없어 마음으로 찍고 눈동자는 마냥 그네를 탄다. 아름다움이란 예쁜 것만이 아니라 쓸쓸한 것, 적막한 것도 눈물겹게 아름답다는 표현은 이럴 때 쓰는 단어가 아닐까. 해를 등진 서쪽. 아르메니아, 페르시아, 그리스 신의 혼합인 서쪽 테라스 왕과 신은 동격을 이루고 싶었던지 함께 조각된 석상들 널브러져 있다. 아득한 수천 년의 시간들이 스쳐 간다.

거대 돌무덤과 해를 등지고 터벅터벅 하산 길. 널브러진 석상들의 길고 긴 침묵 깊이 대륙의 동서를 잇는 중간 길목 콤마게네 왕국의 역사를 읽는다. 아시리아 제국이 바빌로니아에 의해 패망, 페르시아 제국이 바빌로니아를 멸망시켰고, 마케도니아의 알렉산더 대왕이 페르시아를 침략해 그리스와 페르시아, 인도 등 대제국을 건설한다. 소아시아 지역은 서쪽의 로마와 동쪽의 파르티아. 두 열강 사이의 유일한 독립국이었던 콤마게네는 양쪽 지역을 잇는 무역 통로 성장한다. 토로스산맥이나 유프라테스강을 가로지르는 통로에 통행세를 챙기면서 양쪽의 문화를 흡수해 외교를 펼쳐 부국이 되었지만 시리아에 편입되면서 왕국의 역사는 사라진다.

사라지는 것이 어디 역사뿐이랴, 사라지며 시작되고 그 반복의 모서리 그곳에 내가 있었고 머물다 갔다.

안티오코스 1세의 무덤

제우그마 모자이크

신들의 방은

무한의 돌이 만들어 낸

모자이크 조각들

차고 무거운 채색, 화창하다

한 줄 선이었다가

사각의 모서리였다가

원이 구르는
잠잠히 이룬 면은
다시 선이 되어
점으로 흩어졌다 모여
사각에 갇힌 방

어제의 기억이 내일로 흐르는
기하학적 표정에서
달콤하고 차가운 아프로디테의
슬픈 얼굴의 방

겨워하는 발자국, 숨 가쁘다

노아의 방주, 핑크 우산 쓰다
- 튀르키예 도우베야짓

 노을이 물들어 가는 '동쪽의 흰 마을' 쿠르드족이 많다는 도우베야짓 시장 골목을 걷는다. 여기저기 상점 기웃거리는 재미가 여행의 묘미 아닐까. 은색 장식물도 주머니에 넣어보고 알록달록 스카프도 목에 두르고 반건조 무화과도 한 봉지 사 들고 출렁출렁 거리를 걷는다. 어린 아들과 함께 나온 노점상인 수레의 싱싱한 살구가 별빛에 적셔지고 있다. 튀르키예 가이드가 사준 살구 맛을 잊지 못해 검은 봉지 가득 담아보고 달콤한 유혹에 아작아작 씹으며 함께 사진도 찍어본다.

 시커먼 남자들만이 거리를 메우고 있는 멀리 만년설

에 덮인 아라라트산이 슬그머니 고개를 내민다. 여자라곤 이방인인 우리뿐. 그때 길 가던 차도르의 튀르키예 아가씨가 함께 사진을 찍자 한다. 한적한 시골마을 이란과 튀르키예 오고 가는 상인들이 많지만, 아라라트산 중턱에 있는 누훈 게미시(노아의 방주)에 성지순례객이 많다는데 꼭 그렇지만은 않은 것 같고 다만 이곳의 밤은 깊다.

호텔 밖 거리의 싱싱한 체리, 포도, 수박 등 과일들이 아침을 열고 있다. 도우베야짓 지역 오스만 총독이었던 졸락 아브디 파샤에 의해 건설되었다는 삼면이 절벽인 이삭 파샤 궁전에 간다. 그러나 오늘은 월요일 휴관일. 궁전 위 사드락사드락 걷다 보면 가파른 절벽 세월의 흔적만큼 이제는 뼈대만 남아 있는 고대 우라르트 시대에 세워졌던 무너진 요새와 오스만 제국 시대의 셀림 1세 사원과 만났지만 찝찝한 기분은 뭘까. 누군가를 만나러 왔다가 그냥 가는 길의 뒷면은 언제나 막막하다. 길이 아닌 것들은 미련 두지 않아야 한다.

누훈 게미시(노아의 방주)

 이란과의 국경 지대인 아라라트산 맞은편 산 중턱의 노아의 방주로 간다. 대형차로는 갈 수 없어 작은 차로 갈아탄다. 델 셰게르 마을 입구에서 붉은 체리 열매 반기는 길 따라 달리다 보면 구불구불 차창 밖 멀리 아라라트산이 길을 안내한다. 아라라트산 정상으로부터 20㎞ 거리의 해발 2,000m 산 중턱에 위치한 배 모양의 특이한 지형지물이다. 1950년대 이후 항공촬영에서 노아의 방주 모습이라고 알려진 곳이라는 누훈 게미시다. 뒤돌아서면 만년설 품은 아라라트산, 다시 뒤돌아서면 눅눅하고 우중충한 누훈 게미시 서로 마주 보고서 말하고 싶은 것은 무엇일까. 사진 찍다 성자 샘이 놓고 온 핑크빛 우산을 노아의 방주 위에 펼쳐놓으면 역사라는 이름의 또 다른 배를 타고 우산 접었다 폈다 하며 시간을 오르내리겠지.

다시 이삭 파샤 궁전에 간다. 막막했던 뒷면이 기대에 찬 앞면으로 돌아서 오는 길 검문검색이다. 이란과 국경을 이루고 있는 지리적 여건도 있지만 쿠르드족이 많이 살고 있는 도우베야짓은 역사적으로 튀르키예 정부와 갈등을 겪고 있는데 분리 독립을 원하는 쿠르드족들이다.

쿠르드족 문제는 시리아에서 미군이 철수하면서 현재 가장 시급한 중동 문제의 핵으로 등장하고 있다. 복잡한 영토 문제, 석유 자원, 그리고 이슬람 종파인 시아파와 수니파 갈등 등 여러 사유로 인하여, '중동 국가'들은 쉽게 쿠르드족 독립을 인정하려고 들지 않고 쿠르드족은 자치 독립을 원하고 있는 상황이다.

튀르키예 국경인 이란과 반에 위치한 방패화산 텐뒤렉(해발 2,644m) 고개를 넘는다. 소낙비 후비고 간 뒤 드넓은 평원 분홍의 '구름송이 풀꽃' 물결로 알 듯 모를 듯 제 몸 흔들어 대며 한낮의 햇볕을 먹고 있다. 그 틈새로 바람의 계단을 오르고 있는 보라의 '델피니움' 꽃 한들한들 유혹의 손길 뿌리치지 못하고 도로변에서 잠시 포토타임이다. 엉덩이에 문신하는 꽃들의 시간이 바람났다. 꽃 풀밭에 매달려 어쩌지 못하는 마음들 바라보는 김성 교수의 조급함도 저러하였으리.

 출렁다리 출렁거리는 마음 다스리며 벤디마히(무라디예)폭포 물줄기 속으로 스며든다. 튀르키예의 유원지? 피서객과 관광객들이 뒤엉켜 물줄기는 더욱 세차게 쏟아지고 황새냉이 하양의 꽃 빛깔 폭포와 어우러져 너울너울 춤추는데 썩은 나무와 함께 스르르 숙미샘 한쪽 다리 드밀어 상처를 만든다. 여행은 육체와 정신을 단기간에 건강하게 만들어 주는 좋은 주치의라고 어디선가 읽은 것 같은데 이렇듯 갑작스러운 상처를 만나면 여행 주치의도 어쩔 수 없나 보다.

소년의 눈빛에 찍힌 발자국
- 튀르키예 하란

　로마 삼두정치를 이끈 크라수스의 탐욕으로 최후를 마친 유프라테스의 한 지류인 발리크강 서쪽에 자리 잡은 하란은 카레 전투로 유명하다. 믿음의 조상 아브라함이 가나안에 가기 전에 살았던 마을. 메소포타미아의 비옥한 반달 지역 북쪽 언저리 하란 정착민은 시리아 사막의 유목민의 침략을 받았으며, 이곳 메소포타미아의 지배권을 두고 히타이트, 아시리아, 헬라와 페르시아, 로마와 페르시아 제국 사이에 끊임없이 패권을 다투던 이곳에 내 발자국을 찍는다.

　'길목'이란 뜻처럼 교통의 요지로 제국들이 눈독을

들인 곳. 서쪽으로 유프라테스강이, 동쪽에는 티그리스강이 흐른다. 허름한 집들, 인적도 뜸한 작은 시골 동네 그러나 3000년 전에는 아시리아 제국의 수도로 바빌로니아 시대는 정치적, 종교적 중심이던, 지금은 흙먼지와 고요만이 휘날리고 있다.

세계 최초 이슬람 대학이 몽골군에 무참히 파괴되고 폐허로 남은 신학교의 터 이슬람 사원은 어디로 가고 부서진 아치형 문과 미너렛 기둥만 덩그러니 남아 들판을 지키는지. 유적 복원 중 빙 둘러 가시철조망 꽝꽝. 철조망 사이 버섯구름 걸쳐두고 멀리서 바라만 보다 돌아선다.

어떤 무덤일까
나는

지금 여기에 누워 잠을 청한다 오래 누워있으면 무너질까 두려워 잠을 청한다 모든 소리들이 내 얼굴에서 빙빙 돈다

산다는 것은 집을 짓는 것

연애하자 우리, 느닷없이 고백하는 낯선 얼굴, 도망치고 싶다 두려워서 덥석 잡는 너의 손 움츠리지 마 멈추지도 마

누군가를 좋아하는 일이 공기처럼 가벼워 놓친 사랑이라면 참 아리겠지

여기 무덤 속 계란귀신처럼 물컹한 노랑이 웃는다 껍질이 날카롭게 부서진다 고깔모자 속 머리카락이 소란하다 어디선가 썩은 냄새가 난다 그렇지만 나갈 수가 없다

여기에서 잠을 청한다 천장은 우주를 막 돌다 온 연기로 피어오르는 따뜻한 잠
저 낯선 얼굴 속에서 도망칠 수가 없다

어떤 무덤일까
나는

원추형 지붕

 트룰리. 도토리 모양 전통가옥 흙벽돌집 원추형 지붕 삐죽삐죽 날 세우고 있다. 한낮 뜨거운 열기에도 터지지 않는 속살은 팔의 힘 모아 구운 동물의 배설물이 짓이겨진 곳이다.

 허기진 뱃속 계란과 진흙이 몸 비벼 속 채우고 어둠을 여는 천정 구멍 장미 기름으로 분칠한 그리움. 둥근 결 위로 흩날리는 이 빠진 시간 거품으로 일어선 곳 들어서니 하나씩 씌워진 원뿔 모자 지붕과는 달리 동굴처럼 길게 연결되어 있다. 여름에는 시원하고 겨울에는 따뜻하다는 내부에는 전통 옷과 토산품을 팔고 있다. 사진만 찍고 지나쳐 나오려니 미안한 마음이 비 온 뒤 솟아나는 잡초처럼 무성하게 자라는 내 안의 갈등. 싹둑 자르며 밖으로 나오니 마당에 전시되어 있는 생활 도구가 한자리 차지하고 있다. 튀르키예에서 가장 더운 도시 몸 조심히 다니라며 도구들 살랑살랑 몸 흔들며 잘 가라 한다.

 칭기즈칸의 손자 훌라구가 시리아 원정에서 이곳 주민들의 저항을 받자 하란을 파괴한 뒤, 재건되지 못했다는 하란 평야의 한 귀퉁이 흙먼지 날리는 골목길. 구멍 뚫리고 부서진 흙 담장 위에 아스라이 앉아 있는 어린 소년의 검게 그을린 표정 줍다가 보수 중인 달의 신전 돌아 나오는데 자꾸 그 아이의 애잔한 눈빛이 목덜미를 잡는다. 나는 그 눈빛에서 무엇을 놓치고 왔을까.

열하 가는 길
- 산해관, 승덕

 심양북역. 웅장하고 휑하고 고요하다. 산해관까지 고속열차를 탔다. 120년 전 우리 사행단들은 고속철을 상상이나 했을까. 뎅강뎅강 잘리는 어린이의 음성, 뒷좌석 부스럭거리는 비닐봉지가 고요를 깨우고, 까고 까도 알알이 박힌 생각은 머릿속에서 회오리치고 천정에서는 농한 불빛이 뭉그러지고, 모호한 감정들이 옆구리를 찌르는 시간, 어둠이 풍경을 지우고 길은 어둠을 몰아 그림자 바닥에 깔아놓는 산해관 역사 철로는 밤을 깔고 간다.

 산해관은 군사적인 역할과 문화적으로 유목문화와

농경문화, 중원과 변방을 가르는 경계선의 역할을 하는 곳으로 둘레 5km, 높이 12m, 두께 6m의 성곽 전체를 가리킨다. 안쪽을 관내, 바깥쪽을 관외로 구분하였고 이곳을 통과하여야만 중원의 진짜 중국으로 들어선다.

 사신들이 묵었던 숙소 앞 굳게 닫힌 문 앞을 지나 허물어진 담벼락 부서진 집 지붕 위로 잡풀들 너울거리는 그 길로 쭈욱 전공관 철문을 지키고 있는 견공 한 마리, '어디서 온 객이요?' 하고 묻는 듯 눈망울 동글동글.

 연암과 사신단들이 북경에 가기 위해 통과했던 산해관 동문성루 '천하제일관' 성벽 따라 오르는 입구 안내판은 중국어, 영어, 한국어로 '산해관 명소 소개'가 있다. 조선시대의 사신이 된 기분으로 연암의 길을 따라 오른다. '산해관을 보지 않고는 중국의 제도를 알지 못할 것이다'라고 할 만큼 웅장함과 견고함. 한때 살았던 고장 수원화성과 고향인 고창읍성의 성벽이 오버랩된다. 말 5필이 나란히 달릴 수 있다는 넓은 성벽 위에는 100㎜ 포구의 '신위대장군'이라는 대포가 길을 막고 있다. 소현세자의 글씨라는 현판 '천하제일관'. 지금은 모조 현판이 걸려 있다. 성벽 곳곳에 군인 동상들과 대포나 과거 무기들 모형 전시품은 그 시대를 기억이나 할까.

 진시황 때 만리장성 건축에 인부로 끌려간 남편 범기량을 찾아갔다. 그는 오래전 죽었다는 말을 듣고 성벽에 쓰러져 울자 성벽이 무너지면서 남편의 유골이 나타났다는, 중국 4대 민간 전설의 하나인 「맹강녀곡장성」의 주인공인 맹강녀 사당. 봉황산에서 내려다보는 발해만은 물결치고 바위에 새겨진 망부석은 사행단이 왔던 그때의 붉은 글씨 그대로다. 그 앞에서 잠시 사행단의 일행이 되어보고 연암이 되어보는 시간. 어제는 오늘만큼 지나갔고 오늘은 내일만큼 찾아오는 것으로 만들어 가는 것이 역사 아닐까, 생각해 본다.

 겨울에도 얼지 않는 따뜻한 천, 열하. 청나라 황제들의 피서산장에 연암은 1780년 건륭 70세 생일 축하 사절단인 박명원 일행과 열하를 다녀와 『열하일기』를 남긴다. 연암의 『열하일기』 속 노정을 추적하며 따라가다 북경에서 열하로 간 연암과는 반대로 우리는 열하에서 북경으로다.

시월 중순 승덕의 아침 공기는 무척 차갑다. 계절이 헐렁한 바지를 입고 떠나버린 뒤의 으스스한 한기. 다시 찾아온 계절이 챙겨야 할 것은 경량의 조끼에 햇볕 한 줌. 쌍탑산을 보기 위해 리프트를 탄다. 내 입술에서 흘러나온 낙엽 한 장을 부드럽게 핥아주고 싶었을 아득하고 먼 이름의 그대처럼 한 쌍의 전탑은 멀고 높다.

 통통하여 든든함과 쭉 뻗는 그래서 가냘파 보이는, 자연이 만들어 놓은 두 석봉은 사방이 깎아지른 듯 단파 절벽으로 정상에 오를 수는 없다. 오를 수 없는 거리는 오래된 그대와의 간극처럼. 보는 각도에 따라 하나였다가 둘이 되는 바위의 거리. 그러나 서로 바라만 볼 뿐 하나가 될 수 없는 관계인 것 같다. '멀리서 보면 더 오래 볼 수 있고 아득하면 더 아름다운 것인지 몰라서'라는 아름다운 표현을 쓰고 있지만 바위 아래서는 탑이 보이지 않는다.

 촉나라 장수 관우상이 봉안된 관제묘는 사행단이 산장의 여정문을 열기 전에 대기했던 장소다. 연암이 황제를 만나기 위해 대기 장소였던 곳으로 특별할 것 없는 곳을 나와 청 황제의 여름별궁 피서산장 높은 담벼락. 이 높은 담벼락을 연암은 어떻게 넘겨봤을까.

 강남의 풍경을 모델로 하여 청의 강희제가 1703년에 시작하여 1790년 건륭제 때에 완성되었다는 황실 정원 피서산장은 청의 군사 훈련장이며 북방 몽고부족을 포용하는 위민 책을 썼던 곳이다. 만주어, 티베트어, 한문, 위그루어, 몽골어의 편액 여정문을 지나 출입구에 들어서니 두 마리의 사자가 길 양쪽을 지키고 있다. 황제가 세계를 지배한다는 상징 조각품. 여의주를 발로 잡고 있는 모습으로 황제의 권위를 말해주고 있다.

 푸른 잔디와 소나무가 조화를 이루고 있는 건륭제 친필 편액 '피서산장'과 문 하단의 섬세한 전통 무늬 조각품은 유리창을 씌워 보존하고 있다. 유리에 투영된 내 모습과 함께한 무채색 조각 무늬들 너머로 '담박경서전' 편액 '담백하고 검소하며 욕심 없이 백성을 공경하고 통치하라'는 뜻처럼 황제의 궁궐답지 않게 단청이 없는 검소하고 단정한 전각 안 옥좌 황금 옷 입고 걸어가는 듯 잠시 멍. 전각과 전각 사이를 지날 때마다 마주하는 소나무 정원들 여유로워 보인다.

피서산장 '열하' 표지석

쌍탑산

행궁 건물들 건너고 건너 수운문과 덩그러니 터만 남아 있는 청운각 지나니 하늘과 하나 되어 노닐고 있는 나무와 호수. 나는 방금 다른 세계를 건너온 것 같다. 미세먼지 가득한 도시를 지나온 지금의 피서산장 풍경은 그 무엇으로도 표현이 안 되는 모습이 가슴을 쥐어짜고 있다. 버드나무 낭창낭창 휘어져 물속에서 춤판을 벌이고, 한물간 쭈그러진 연잎을 안고도 아름다움을 줄 수 있는 호수의 숨소리 듣는다. 미끈거리는 바람의 질감, 목을 휘감고 가는 호수.

 열하. 우뚝 솟은 바위에 붉은 글씨 새겨진 피서산장의 끝 뜨거운 지명의 하천 조각배 위의 붉은 옷의 사공이 가을을 끌고 간다. 물의 뼈 한잔 미끼로 몸에서 낚아 올리는 햇볕처럼, 열하천 아무리 들여다봐도 읽을 수 없는 연암의 길 빛으로 번져 노을로 쓰러뜨릴 때까지 카메라 셔터를 눌러도 보이지 않아 뒤돌아선다.

아들은 나를 민재라 부른다
- 태국 치앙마이

아무것도 궁금하지 않은 계절. 질문보다는 받아낼 대답이 많지만 앙다문 입을 열 수 없는 계절. 층층 놓인 감정을 눌러 밟고 있는 아들은 그 무엇으로부터 멀어지는 동시 자신에게 가까워지는 과정이 되겠지. 그렇게 우리는 믿으며 배낭을 꾸린다.

늘 골골거리는, 알 수 없는 가슴앓이에도 겉으로는 의연해 보이는 아들과 나이를 먹어도 철딱서니 없는 엄마가 함께 떠나는 치앙마이. 우리가 행복해지는 것은 무엇일까?

탑승 시간을 기다리며 대한항공 라운지에서의 여유로운 시간. 집 나가면 몸고생이고 집에 있으면 마음고생이라는데 적당한 고생과 낯섦을 찾아 떠나는 여행. 늘 혼자 서성이고 혼자 떠돌던 여행에서 가족과 함께는 설렘과 기대가 오늘의 나와 만나고 있다. 창공을 가로지르는 비행기는 내가 말하지 못하는, 말할 수 없는 모든 것을 대신하는 듯 구름을 가르고 빛을 쪼갠다.

 란나 왕조가 세운 '새로운 도시'라는 뜻의 치앙마이. 태국에서 가장 높은 산 도이인타논 국립공원에 트레킹 간다. 온종일 대절한 택시 기사와 자연 훼손을 감시하고 관광객 보호라는 명목으로 있는 안내 겸 감시원 뒤를 졸졸 따라 오른다. 예전의 작은애는 이쯤이면 수없이 장난처럼 만재, 만재도, 민재하고 내 이름을 불렀을 텐데, 트레킹 한 발 한 발 꼭 다문 입. 생각이 깊다.

 작은 폭포를 지나고 이름 모를 식물들과 눈 맞춤 하다 보니 가슴까지 트이는 풍광이 펼쳐진다. 전망대 아래로 떠다니는 뭉게구름 한 줌 집어 두 아들에게 안겨주고, 우수수 쏟아지는 청색 하늘이 투명하여 한 조각 뜯어서 가슴에 달아주고 싶은 엄마의 마음 카메라 렌즈에만 담는다.

 태국의 마지막 왕 인타논왕의 유언으로 그의 딸 다라가 이곳 탑에 유골을 묻고 제단을 설치하였다는 묘탑을 돌아 라마 9세 왕의 탑 덥고 햇볕 따가워 왕비의 60세 장수 기념탑 건너뛰고 얼음덩어리 서걱거리는 레몬에이드 찔끔거리며 마시다 와치라탄 폭포로 간다.

 흰색 꿈을 꾸며 쏟아지는 폭포수 물안개 틈새로 물방울 온몸을 적신다. 우린 인생을 살면서 수많은 만남과 헤어짐, 아픔과 상처를 남기며 살아간다. 나도 모르게 주는 상처와 너도 모르게 받는 상처 속에서 흉터로 남지 않기를 바랄 뿐이다. 시작과 끝이 처음인 오늘 바로 지금의 폭포는 모든 근심 다 흘려보내라는 듯 세차게 쏟아진다.

 온종일 호텔에서 수영장과 라운지를 오가며 뭉그적거리다 토요 야시장. 와라이 보행자 거리는 몰려드는 인파와 탁한 공기로 가득하다. 좀처럼 움직이기 싫어하는 여행을 즐기지 않는 큰아들. 처음으로 셋이서 떠나온 해외여행. 기념사진을 찍기 위해 우리는 치앙마이를 상징하는 코끼리 그림이 새겨진 셔츠와 바지를 각자의 취향대로 고른 후 숙소로 돌아왔지만 좋지 않은 공기가 큰애의 호흡기를 난타하였는지 몸 상태가 좋지 않다.

 야외정원이 몽환적인 '촘' 카페 레스토랑 점심 후 몬쨈으로 이동하는 중간, 코끼리 예뻐해 주는 '엘리핀팜' 카페, 코끼리들에게 사탕수수와 바나나로 먹이를 주는 모습이 좋아 보였는지 작은애는 먹이도 주고 코끼리를 만지며 행복해한다. 코끼리와 서로 교감하면서 해맑게 웃고 있다. 환하게 웃는 모습 동심으로 돌아간 듯 어릴 적 꼬맹이 모습이 보인다.

 코끼리와 교감 후 즐거워 보이는 작은애와는 달리 큰애 몸 상태는 어제보다 더 나빠졌다. 약국에서 약을 구매하여 먹었지만 별 효과가 없나 보다. 처음으로 온 해외여행에서 즐거워야 할 시간도 잠깐 몸이 아프니 모든 게 귀찮고 힘든지 말을 잃어간다. 지켜볼 수밖에 없는 나는 '아리다'는 표현이 사치스럽게 다가온다. 백은선 시인은 "감정이 언어를 압도할 때 우리는 말을 잃는다."고 말한다. 그러나 몸이 몸을 압도할 때도 말을 잃을 수가 있겠다.

몬쨈 몬닝다오 숙소 앞 택시에서 내림과 동시 소나기 후 쌍무지개가 떴다. 우리의 환영식이다. 몬쨈 글램핑 숙소는 눅눅하고 해발 1,300m 고산지대이다. 쌀쌀함이 어깨를 건너오고 처음의 풍경인 계단식 밭 푸른 채소와 하얀 돔 텐트가 조화롭게 이야기를 만들어 내고 있다. 코요테가 다녀간 곳이라 그랬을까 기대와 다르게 습하고 끈끈한 공기에 머물 수 있는 숙소는 아닌 것 같다.

태국식 샤부샤부 무카타로 속을 달래보지만 춥다. 맑고 투명한 어둠은 밤공기를 타고 찰나와 찰나를 분쇄한다. 잠시 고개를 들고 바라보는 밤하늘 쏟아지는 별들의 홍수. 생각을 괄호 속에 넣어두고 우리는 각자의 방식대로 몬쨈의 오늘을 기록하고 있었다.

도이인타논에서 동윤

엘리핀팜 카페

여행에서 돌아온 한 달을 훌쩍 넘은 어느 일요일. 주말 근무라 말하던 아들은 출근은커녕, 오후 2시쯤 방에서 뭉그적거리다 나오면서 나를 부른다.

"야! 김민재."
"왜 부르는데."
"왜 그렇게 못생길 수가 있어."
"어디가 못생겼는데."
"그건 어디라고 말할 수가 없어."
"성형으로 커버해 볼까?"
"견적을 낼 수가 없어."

모든 존재들의 내면은 우리가 이해할 수 없다고 한

다. 이해하려 말고 그냥 받아들이면 된다. 누구나 상처 난 부위는 아물겠지만 흉터는 남겠지. 내가 살아온 삶이 그랬던 것처럼 말할 수 있는 것과 말할 수 없는 것들 그 어디쯤에서 우리 삶은 잠시 머물다 간다.

나를 민재라 부르는 아들. 여행이 준 여유일까. 또 실없는 장난기가 발동한다.

오래전 아들과 동유럽 여행 중 체스키크룸로프에서 한국인이 운영하는 호텔에 머문 적이 있었다. 그때 사장은 딸과 엄마, 아들과 아빠의 여행자를 많이 보았지만 아들과 엄마의 여행은 보기 드물지만 보기 좋다고 하면서 아들에게 엄마 이름을 불러주라는 조언을 한 적이 있었다. 이미 이름을 부르며 여행 중이었는데.

오늘처럼 아들이 '엄마'라는 보통명사보다 '민재'라는 고유명사로 불러주는 지금이 참 좋다.

두 번은 없다*
- 베트남 나트랑, 달라

몇 년 전 계단에서 온몸으로 데굴데굴. 계단은 끝이자 시작이었고 시작이자 끝이었다. 굴렀을 때 허공에 솟았던 깁스한 왼발의 후유증으로 한의원 치료 중인데 친구 영희가 베트남 여행을 권한다. 망설이는 나에게 아들은 "민재 씨 걸을 수 있을 때, 기회가 주어질 때 움켜쥘 수 있는 것도 용기 아니겠어. 그냥 다녀오셔, 주어진 기회 놓친 뒤 후회하지 말고."

우린 처음의 삶을 살다 처음인 죽음을 맞이한다. 시

---

* 비슬라바 쉼보르스카의 시 제목.

작과 끝이 처음인 지금, 폴란드 시인 비슬라바 쉼보르스카의 시 '두 번은 없다 지금도 그렇고 / 앞으로도 그럴 것이다'「두 번은 없다」의 일부를 생각하며 모든 여행은 건강할 때 그대가 놓고 간 아쉬움까지 함께 끌고 가는 것 아닐까 생각해 본다.

 떠나야 돌아올 수 있는 여행은 언제나 풋사과처럼 싱싱하게 혹은 첫사랑처럼 여행자들을 가슴 뛰게 한다. 공항에서의 첫 만남이 그랬다. 향숙·정애·경숙·인숙 그리고 친구 영희와 나 그렇게 여섯은 나트랑 깜라인 국제공항.

 막막함과 아득함의 경계는 어디쯤 헤매다 돌아올까.

 입국심사 중 일행인 p가 사색이 되어 여권 분실을 알린다. 입국심사를 기다리는 길게 들어선 수십 명의 눈동자들 사이로 우리 일행의 시간은 다르게 흐르고 있다. 손가방을 아무리 뒤집어도 먼지만 휘날릴 뿐 여권은 보이지 않고 떨리는 손끝과 쿵쾅거리는 심장 뛰는 소리에 머릿속만 바쁘다. 레코드판 돌리듯 아무리 기억을 되돌려도 오리무중인 여권의 행방에 아득하고 막막할 뿐.

 한 달 전 치앙마이국제공항에서 출국심사를 마친 뒤 면세점을 기웃거리다 핸드폰 분실을 알았던 나의 모습이 겹쳐진다. 핸드폰과 친하지 않은 내 습관이 준 경고였다. 두 아들의 훈계는 거창하였고 나는 하양과 까망이 머릿속에 휘몰아치고 가슴이 펌프질을 하였다. 그러나 p의 지금은 나보다 더 절박하다. 해외에서의 여권 분실은 아무것도 할 수 없이 묶인 발목이니까. 이 순간만은 뒤로 돌아갈 수 있는 시간이었으면 좋겠다.

 비행기 착륙 후 손가방에서 핸드폰을 꺼내다 좌석 바닥으로 여권이 탈출하는 것을 알지 못하고 나왔나 보다. 좌석 아래 여권은 간장 항아리 속처럼 마음을 어둡게 틀어놓은 뒤 p에게로 왔다. '천만다행'이란 사자성어는 이럴 때 쓰나 보다.

 나트랑은 8세기에 참파 왕국의 수도로 번성을 이루었던 곳으로 19세기 말 프랑스 식민시기에 유럽인들에 의해 휴양지로 개발한 도시다. 나트랑 호라이즌 호텔 앞 도심과 인접한 곳 6km가량 펼쳐진 백사장을 따라서 베트남 최고의 휴양지 해변 길 기념사진을 남긴다. 야자수 바다와 하늘과 어우러진 산책길, 오토바이 경적에 파도는 장단 맞춰주고 있다. 옹기종기 어깨동무하고 있는 상점들 사이 오늘의 피로를 풀기 위해 나란히 누워 발 마사지를 받는다. 정애의 유머러스함이 배꼽까지 웃게 만드는 순발력에 감탄하며, 우리의 피로를 풀어주기 위한 향숙의 선물로 밤이 깊어간다.

먹구름 사이로 솟는 일출 장관을 이루는 해변은 부산스럽다. 보도블록 길을 막고 가락에 맞춰 조기 체조 율동에 수런수런. 우리나라 이른 아침 천변공원 에어로빅 체조와 다를 게 없는 풍경이다. 무언가에 홀린 듯 영희와 나는 썰물을 따라간다. 바닷물이 차갑다. 중력의 힘에 빨려드는 듯 물속에서 중심 잡고 서 있지만 모든 사물들이 빙빙 돌고 어지러워 얼른 나오고 만다.

참파 왕궁 시절에 지어진 오래된 힌두교 사원 '포 나가르'다. 힌두교의 시바신 부인 포 나가르 여신은 풍요로운 수확과 생명의 잉태, 평화를 창조하는 신. 캄보디아 앙코르와트를 생각나게 하는 사원과 참족들. 힘없는 나라의 모습들에서 슬픔이 묻어난다.

담 전통시장 이후 나트랑에서 달랏으로 가는 버스는 구불구불 산을 넘는다. 비몽사몽 아니 잠에 취해 모든 풍경은 삭제된다. '말 걸지 마세요. 어젯밤 한숨도 안 잤어요. 천장에 침대 시트 위와 별빛 하늘에 영희와 발표될 수 없는 비매품 이야기책 1권을 썼거든요. 별책 부록으로는 여행 끝나면 써볼까 생각 중입니다'

라틴어로 '즐거움과 신선함을 준다'는 뜻을 가진 달랏은 약 1,500m의 고산지대로 17세기 참족 등 소수민족들이 사는 촌락에 프랑스 식민화 과정에서 휴양도시로 건립한 계획도시답게 건물들 상당수가 유럽풍 건축물이다.

패키지여행 상품 중 마사지는 바늘과 실. 그런 바늘에 실을 꿰지 못한 나는 숍 주변을 탐색한다. 어제 발 마사지 이후 다리 주변에 생긴 붉은 반점들 때문이다. 퇴근하는 오토바이가 줄을 잇고, 야채가게 주인의 바쁜 손이 저녁노을에 빛나고, 골목을 이루고 있는 담장의 노란 히비스커스가 손짓한다. 그 길 따라 강아지와 나는 한통속이 되어 동네 구석 염탐 중 너무 밋밋해서 돌아오고 만다.

1조와 2조가 뭉쳤다. 조금 전 달랏 야시장에서 사 온 망고의 달콤함으로 오늘을 기록하는 중. 떠나옴에, 만남에, 일상의 탈출에 그리고 지금 이 순간의 즐거움에 인연의 고리는 예측하지 않은 곳에서부터 오는듯하다. 1조 친구들도 어제 공항에서의 첫 만남처럼.

'봄의 향기'란 뜻을 가진 쑤안 흐엉 호수 마차 투어를 한다. 동물 학대에 일조를 하였지만 말발굽 장단 소리가 어우러진 시간이다. 호수에 떠다니는 구름과 산책하는 달랏 시민들 공원 주변 환하게 웃고 있는 꽃들에서 마음까지 환해지고 있다.

달랏-랑비앙산

오후 2시 특급열차를 잡아라
- 인도

'오늘 안 되면 내일 되겠지, 아마 그럴 거야…' 그런 느긋함이 인도의 참모습을 발견하는 거라던 말이 절실히 와닿은 날, 그런 날이 바로 오늘이다. 아무리 구체적이고 훌륭한 계획을 짜 짊어지고 갔더라도 그대로 실행되지 않는 곳. 계획과 현실의 차이를 온몸으로 느끼는 '생생한 삶의 현장' 그대로인 곳 인도. 신나는 질주를 꿈꿔왔던 도시인에게 지독한 교통체증 속 그런 깨달음과 느긋함을 안겨준다.

여왕의 목걸이(마린 비치 해안)의 아름다움에 취해 있던 부처님 성지순례단 팀 우린, 잠시 뒤 뭄바이발 오랑가바드행 오후 2시 특급열차가 던져 줄 찰나의 기적(?)을 미처 몰랐다. 점심 한 끼를 위해 들어선 중국식 식당 '금룽 주가'는 황홀한 탐식과 우아함까지 덤으로 얹어주는 곳이다. 기다림 끝에 닭고기 야채수프가 올려지고, 요리사의 사랑 양념 가득 밴 돼지고기볶음에, 맑은 기름에서 막 건져 올려 금방이라도 튕겨 나갈 것 같은 바삭바삭한 튀김, 그리고 아침 야채 시장의 신선한 채소들까지 섞여 닭고기와 한 몸이 된 볶음요리 등이 차례차례 줄을 이어 향과 맛을 뽐낸다.

 아름다운 음식에 흠뻑 취해 맛보고 즐기고 누리던 우린 그때까지 몰랐다. 어디 인생이라는 게 생각한 대로, 계획대로 이루어진다던가? 그런 인생이라면 더없이 좋겠지만 그런 여행은 참 밍밍하겠지. 어쨌거나, 우린 고행의 시간도 함께 먹고 있는 걸 알지 못한 채, 우아한 식사를 이어갔다. 고난의 마라톤이 잔뜩 벼르고 있었음에도.

 '그래 즐길 수 있을 때 즐기는 거야' 단체사진도 찍고 지나가는 인도 여인도 흐뭇하게 바라보며, 물건 파는 꼬맹이들하고 흘러갈 대화도 나눠보고, 차창 밖으로 손 흔드는 사람들에게 미소 한 보따리 푸짐하게 날려 주면서 느긋하게 기차역으로 출발! 기다리는 동안 우리가 만나야 하는 여행의 소소한 안줏거리는 만들어야 명쾌하게 취할 수 있는 알딸딸한 여행이라 말할 수 있으니까.

 인도엔 참 사람이 많다. 국토의 크기가 남한의 34배이고 인구는 21배에 달한다는 이 나라 사람들은 스스로를 구속하지 않으면서 사는 자유로운 민족이다. 그런 자유로움과 그들의 여유로움이 오늘 마음 바쁜 여행자들의 발목을 잡아챘다. 어쩌면 한국에서처럼 시간 계산을 너무 정확하게 한 인도 무식자(?)들의 실수였을 것이다.

 인도의 문화, 국가의 지리적 한계를 말할 수는 있지만 그 문화적 실체를 말하기는 어렵다고 한다. 인도의 문화는 '이것이다'가 아니라 '이것은 아니다'라고 정의하는 것이 쉽다는 것. 사실상 인도와 인도인을 완벽하게 이해한다는 것도, 대체적인 윤곽을 파악하는 것도 결코 쉽지 않을 터인데, 하물며 겨우 15일간 뜨내기 여행자들의 눈으로 인도 문화를 정의한다는 것 자체가 어불성설이겠지. '정말, 엄청나게 그리고 예측 불가능하게 다르다'는 인도를 우리가 어찌 다 헤아리겠는가.

 기차 출발시간은 다가오는데 도로는 차로와 사람이 뒤엉켜 거대한 주차장이 되어버렸다. 그 아우성 속에서도 도로변 음식 리어카 주변으로 모여드는 사람들을 말릴 수는 없다. 아무리 차가 빵빵거리고 택시가 드밀어도 그들은 그저 웃으면서 손 흔들며 먹는 걸 행복하게 즐길 뿐이다. 다다르(Dadar)역은 손에 닿을 듯 눈앞에 있는데 버스는 더 이상 나갈 수 없다는 현실. 순간의 선택이 우리의 여행 일정을 죄 흔들어 버릴 수도 있다. 기차를 타기 위한 우리들의 사투는 마치 가르마에 빨간 꿈, 꿈 가루 핏빛 선명한 줄을 그은 결혼한 인도 여자의 인생처럼, 여정의 한 페이지에 획을 그어줄 열차를 필사적으로 잡는 것이다.

 버스 문이 열리고, 여행 가방의 무게를 온몸으로 부대끼며 인도식 007 첩보작전? 한국식 007 첩보작전? 어느 것도 구분 안 되는 스릴의 캐리어와의 사투가 시작됐다. 꽉 막힌 도로에 무단횡단은 기본사항. 밀려오는 인파 속 질서는 완전 무시, 서로 밀치며 살아남겠다고 내달리는 것은 옵션. 막강한 힘이 어디서 나왔을까. 그렇게 우리들은 농담처럼 "인도 사람 다 되었네!"라는 헛웃음을 털어냈다. 인도에 왔으니 인도에 따르라, 그것이 진리이다. 뭐 그런 이야기가 된다.

 중간에 만난 몇몇의 포터가 역전으로 가는 계단 층층 우리의 캐리어를 머리에 이고 달렸고, 캐리어를 맡기지 못한 일행은 천 근 같은 무게를 이고 다다르 꽃시장 골목을 후비며 마라톤까지 해야 했다. 꽃향기가 매연과 엉켜 알 수 없는 바람을 일으킨다. 마치 성화 봉송처럼 꽃시장 골목을 누빈 이 상황에서「환희가 금지됨」시 제목이 카메라 속으로 퍼뜩 들어오는 것은 또 무슨 조화일까? 축 처진 줄기를 곧추세우려다 그만 바구니 안에서 목 떨어진 꽃들이 자라고 색색의 나일론 줄에 엮어져 일어서지 못한 채, 이글거리는 태양 빛을 다 받아내며 금잔화 꽃목걸이는 길목을 붙잡고 있다. 꽃 그림자를 관통하며 빛의 속도로 달리는 우리를 환영이라도 하듯.

 내 짐을 든 포터를 찾지도 못한 채, 미처 포터에게 선택받지 못한 누군가의 캐리어를 든 난 역전 계단을 오르락내리락 땀만 삐질댔다. 출발 3분 전, 아직도 내 것과 몇몇 개의 캐리어가 오리무중이다. 아무것도 믿을 수 없다는 인도에서 우리는 무모하리만치 순진했던 걸까. 과연 주인 잃은 캐리어는 무사히 도착할 수 있을지. 캐리어와 우리, 포터까지 올라서니 기차가 출발한다. 그때 우리는 카메라 셔터 스피드의 속도로 찰나의 기적(?)을 이뤘다. 가방의 무게와 시간 속 짓눌림에서 겨우 살아남은 우리.

 어떻게 될지 모를 사라졌던 캐리어도 나타났고, 도저히 불가능할 것 같았던 기차도 무사히 탔다. 첩보작전을 성공리에 끝낸 우리들은 특급열차에 앉아 땀을 식히며 한숨 돌리고 있었다. 그때, 인도 가이드 '람지'와 포터 간의 큰 소리가 오간다. 너무 비싸다고 가이드는 깎고 포터는 더 달라고 하고, 우리의 특급열차 칸이 지나온 꽃시장만큼 술렁이고 야단스럽다.

 결국 금강여행사 대표가 해결사로 나서고 포터는 달리는 열차에서 뛰어내린다. 아찔한 순간이 덜컹거리는 레일로 사라지면서 비로소 보이기 시작한 것들. 우리가 탄 소위 특급열차 열차 내부는 경악스러움 그 자체였다. 태곳적부터 단 한 번도 청소를 하지 않은듯한 먼지가 먼지 옷 입은 선풍기 주변을 빙빙 돌며 춤을 춘다.

먼지들의 필사적인 춤이 처절하고 슬퍼 보여 눈을 감았다. 하지만 눈을 감아도 몸 구석구석 침투하는 화장실 냄새는 짜이(인도 홍차)로 다스려보려 했지만 그야말로 안간힘일 뿐이다.

말이 특급열차지, 땟물에 찌든 좌석은 더러움과 깨끗함을 차별하는 마음도 버리지 못하면서 인도 여행은 왜 하나 하는 물음을 던지는 것 같다.

먼지 비가 주룩주룩 유리창을 덮었다. 창밖을 다 가릴 정도로 흐리고 탁하다. 그래 이것이 인도다. 그래서 '인도를 완벽하게 이해하는 방법'보다는 '인도를 바로 볼 수 있는 자세'가 필요하다는 생각을 한다. 어둠에 빠진 오랑가바드 역사에서 오늘 하루 누렸던 여유로움 뒤에 오는 처절한 시간과의 사투를 떠올려 본다. 이 또한 여행의 달콤 쌉싸레한 묘미지 않은가.

동굴 안의 점심 식사
- 몽골 차강소브라가

 바람의 길 따라 광활하지만 메마른 초원을 달립니다. 창문을 열면 투명한 하늘 뭉게구름 웅크렸다 펴고, 숨을 크게 들이쉴 때마다 한없이 부풀어 오르기도 하며 하얀 이야기를 들려줍니다. 귀가 열리지 않아 눈으로 듣는 구름의 사생활은 다양하기도 합니다. 그 많은 서술을 풀어낼 때마다 우리는 감탄사로 응답하였지요.

 징기스칸공항에서부터 따라온 햄버거가 만달고비 입구 오워의 깃발과 함께 바람에 휘날립니다. 파랑은 하늘, 초록은 자연, 하양은 신성함, 빨강은 고귀함, 노랑은 높은 지위를 상징한다지요. 오워에 꽂힌 파란 깃발은 우리들의 여행이 안전하기를 기원하는 주술을 바람이 대신하는지 힘차게도 웃어댑니다.

 버려진 외투처럼 펄럭이는 깃발에 흔들리고 흔들린 뒤에야 공중을 어루만지는 고요가 찾아올까. 모든 것이 바람의 경전이고 바람의 목회이자 바람의 영역인지라 바람에게 넘기며, 깨지고 갈라지고 움푹 파인 고속도로 공중 부양하는 놀이기구에 매달리듯 초원을 달리는 오후입니다.

 도로와 초원의 경계가 모호합니다. 몽골에서는 내가 가는 곳이 곧 길이 됩니다. 그래서일까요. 정비되지 않은 고속도로에 통행료를 부과할 수 없다는 기사의 기발한 발상은 길이 아닌 곳에 길을 만들고 있습니다. 여기는 몽골이니까요. 그러나 잘 닦아놓은 고속도로에서는 놀이기구를 타지 않아 통행료를 지불하고 모두의 길로 갑니다.

 초록 도화지 속에 바퀴가 두 줄 긋고 가는 몽골의 길. 어디쯤에서는 대지의 표면이 벗겨진 비늘처럼 흐르기도 합니다. 지평선 끝 부옇게 번지는 흙먼지 다 안아줄 바다가 보인다고 한 사람이 말합니다. 햇살이 요술을 부리는 아지랑이라며 한 사람이 거들지만, 광활한 대평원 그 너머의 너머가 반복되는 아무리 달려도 닿을 수 없는 그곳. 지평선의 시작이자 끝은 신기루입니다. 저 너머에 닿으면 또 다른 바다가 아롱거리고 있으니까요.

돈도 고비. 붉은 창문들 저무는 사막 허허벌판에 덩그러니 세워진 '고비 카라반 세라이'는 네이버 지도에도 없는 리조트입니다. 이쪽은 중동의 건축물이 저쪽에는 몽골의 게르가 사막을 지키고 대평원을 휩쓸다 온 여행자가 노크하면 졸린 눈 받아주는 곳.

우리는 중동의 건축물 침대 하얀 시트에 붉은 흙먼지 찬란하게 부서지는, 태양열에 달구어진 무더위 선풍기 에어컨도 없이 사막의 벌레와 함께 동침합니다. 붉은 흙과 벌레도 힘찬 노숙은 졸업하고 싶나 봅니다.

'몽골에 별 보러 갑니다' 나의 여행 수첩 은하수와 별 똥별 쏟아지는 밤이 사라졌어요. 몽골에서 별이 잘 보이는 이유가 불빛이 없고 지대가 높아 공기 중에 부유물이 없기 때문이라는데 달빛이 너무 강해서 은하수 길 차단해 가끔씩 떨어지는 별똥별에게 악수를 청하지만 그 또한 순간입니다. 별똥별이 주는 찰나가 인간의 삶이자 역사이기 때문에 밤의 생각들이 뭉그적거리며 잠을 설치게 합니다.

더위를 피해 현지인만 알고 갈 수 있는 동굴 안에서 점심 만찬이 차려집니다. 함께 온 수희의 딸 어린 친구 엘리사는 동굴의 개념을 몰라 구멍에서 밥 먹은 추억의 액자를 꾸미고, 몽골 삼촌이 오빠의 한국 이름을 묻자 "오빠." 하고 해맑게 대답하여 웃음을 줍니다. 오빠의 몽골 이름은 '오또', 한국 이름은 '도현'입니다. 꼬마 친구 도현 오빠는 이구아나 꼬리를 잡고 흔들며 어린 날의 한 페이지를 사진첩에 담아냅니다. 모네의 「풀밭 위의 점심 식사」를 연상케 하는 아주 특별한 장소에서 우리들만의 점심 식사였지요.

2억 년 전 바다였지만 해저 퇴적층이 융기·풍화돼 생성된 석회암 지형으로 '화이트 스투파'로 불리는 차강소브라가는 몽골의 그랜드캐니언입니다. 절벽 아래서 바라보는 일몰과 절벽 위에서 맞이하는 일몰이 주는 의미의 차이는 다를까요. 그저 감상하기 좋은 장소로 이동하기 위해 60m 높이 협곡은 쉽게 몸을 열지 않습니다. 바람이 전해준 모래 두발이 푹푹 빠지면 손끝으로 모래의 지문들을 털어내고 어깨 둥글게 말아가며 올라서니 사방이 들뜬 색으로 빛나고 있습니다.

 서쪽으로 밀려난 해와 동쪽의 달이 환해지고 있습니다. 황량한 벌판에 덩그러니 세워진 비석에는 '차강소브라가'라고 붉은 글씨로 새겨져 있고 인근 지역이 몇 km인지 표시되어 있습니다. 길을 잃을까 봐 세워진 이정표인 듯합니다.

 고생대의 바다였을 자갈밭에 앉아 소리도 내지 않고 조금씩 어두운 빛으로 가는 차강소브라가의 일몰 속으로 빨려갑니다. 하나, 둘, 셋. 하늘과 땅의 경계가 사라진 어둠 속 꼼짝할 수 없습니다.

차강소브라가

사막의 다짐
- 몽골 홍고린 엘스

 노래하는 언덕으로 불리며 주황빛 모래언덕의 '홍고린 엘스'의 아득한 모래 사구 아래 섰습니다.

 비스듬히 누운 능선 코스는 완만하지만 쉽지 않은 모래 산입니다. 수희·성남·은경·민재 우리는 험난한 고행의 직선 코스로 처음엔 별것 아닌 듯 나란히 옆모습을 보며 걸었지요. 모래 산은 점점 높아지고 있습니다. 모래바람 휘몰아칠 때마다 입안이 서걱거립니다.

 거북이 등 같은 썰매 힘들게 짊어지고 갑니다. 결국 정상에다 팽개치고 모래를 발로 무너뜨리거나 엉덩이로 구르며 내려오고 말았지만 분홍 썰매는 모래 싸대기 치는 바람막이로 활용도가 높습니다. 연두 썰매는 모래 사구 꾹꾹 찍으며 오르는 지팡이가 됩니다.

 앞서거니 뒤서거니 한 사람 혹은 한 무리로 두 사람 때론 세 무리로 뒷모습을 보며 오르고 올랐지요. 모래 울음소리 으르렁거리며 일직선으로 오르는 모래 산은 오르면 오를수록 정상은 점점 멀어지는 듯합니다. 아래서 올려다보거나 위에서 내려다봐도 모래벽에 박혀 있는 한 톨의 점. 점. 점. 순간 우리는 모래 문장 안의 쉼표이거나 말줄임표입니다.

 오랜 꿈이었던 고비사막의 빛나는 모래가 두 손안에 있는데 어째서 자꾸만 나를 숨기고 싶어지는지 모르겠어요. 얼굴을 움켜쥐고 사막을 오르는 석양 무렵 신기해서 아직 봐야 할 것 많은 고비는, 돌려줄 대답보다 받아낼 질문이 많은 고비는, 모래만이 뭉텅뭉텅 발가락 사이를 관통하고 빠져나갈 뿐입니다.

 정상을 향한 시간이 정해진 게 없고 생각에는 마침표가 없기 때문에 윙윙거리는 모래 울음소리 끝이 없어 모래의 이동인지 내가 이동하고 있는지 또한 모를 그 사이로 한 무리는 사막을 빠져나갔고 우리는 남았습니다.

 기억의 모래 알갱이 바지주머니에 소복소복 쌓이고 있습니다. 오늘의 고비사막은 조금씩 붉어지고 굽이굽이 능선을 이루지만 그건 마치 고비의 흙먼지가 바람의 방향 쪽으로 날아가는 이치겠지요. 이제 사막의 무수한 모래 가루를 날려버리거나 훌쩍 뛰어넘거나 사실은 모래 산이 아니라고 믿거나 통과해 버리는 등의 묘기를 부리지 않고는 오를 수 없습니다. 모래 산 정상을 두려워하지 않기로, 계속 오르기로 한 사막에서의 다짐입니다.

 한 사람인 나는 사족보행으로 두발 오르면 한 발 미끄러지는 무수한 반복의 숫자를 새기며 모래벽 따라 앞으로 옆으로 읽을 수 없는 긴 문장을 기록하듯 오르고 있습니다. 한 사람이 걸어온 삶의 길과 닮아서 그곳으로 가까워지는 동시 멀어지는 그 무엇을 봅니다.

 한 사람인 수희는 아무렇지 않은 듯 천천히 모래 산

을 오르는 의지가 대단합니다. 숨이 턱까지 차오르지만 이대로 미끄러져 내려가고 싶다는 유혹으로 자신과 싸우면서 온몸으로 쓰는 문장들은 영웅전집 속의 기분이 됩니다. 정상에는 달콤한 와인 병이 삐죽 고개 내밀듯 한 사람의 사막 일기장이 펼쳐지겠지요.

고비사막   고비사막 정상

 한 사람인 성남이는 하얀 모래 꽃 한 줌 한 줌 꺾으며 모래의 깊이를 알 수 없지만 사구 속에는 알아볼 수도, 완성될 수도 없는 영원을 구할 눈과 코와 입에 모래 문장이 가득 채워지고 있다고, 온몸이 모래에 잠겨 첨벙거린다고, 가쁜 숨 쉬며 맨발 콕콕 찍어 길을 만들며 오릅니다.

더 이상 오를 데가 없는 정상 모래톱을 딛고 서서 망망한 사구의 바다를 바라보는 장쾌함과 사구의 칼날 같은 모래톱 능선과 능선을 잇는 작은 사구들. 무엇을 연출하든 자연이 주는 경이로움도 잠시.

 한 사람인 은경은 날아오르기 직전의 썰매를 움켜쥐고서 모래를 파 내려가는데, 아무리 파도 모래뿐인 사막에서 모래를 두고 새의 기분으로 창백한 장면을 연출합니다. 발은 모래 속, 긴장된 손은 얼음, 열정으로 타는 마음은 불꽃, 몸은 허공에서 시작되었고 빛의 속도로 약 300m의 모래 산에서 날아오른 날개 없는 몸의 끝은 깊이를 알 수 없는 낭떠러지. 속도 조절의 실패와 중력의 힘은 대단합니다.

 우리는 말을 잃었습니다. 충격에 벌어진 입은 닫히지 않습니다. 꼬리뼈 상처의 통증은 있지만 대형사고가 아니라서 감사합니다. 고비에서는 누구나 언제든지 고비가 될 수 있습니다. 그래서 고비에서는 고비를 잘 넘겨야 한다지요.

물들어진, 우리의 30년
- 일본 홋카이도

"눈은 한 편의 시다. 구름에서 떨어져 내리는 가벼운 백색 송이들로 이루어진 시 / 하늘의 입에서, 하느님의 손에서 오는 시이다. / 그 시는 이름이 있다. / 눈부신 흰빛의 이름. / 눈."

신치토세 공항에서 아사히카와로 이동하는 차창 밖 홋카이도의 변화무쌍하게 변하는 날씨에 프랑스 작가 막상스 페르민의 소설 속 표현을 빌리지 않아도 눈은 우리에게 풍경화이고 한 편의 시로 우리를 감싸주고 있습니다.

아이들 유치원 동기인 엄마들 정옥·태숙. 현자와 처음으로 함께 떠나온 해외여행은 가슴 떨리는 설렘입니다. 그 아이들은 자라 몇 년 전 결혼한 친구·올해 결혼 준비 중인 친구·예비 엄마인 친구·아직 결혼할 의중이 없는 친구도 있지만 우리 엄마들은 30여 년의 우정을 소중히 여기며 여기까지 왔습니다.

1996년에 오픈한 아사히카와 '라멘무라'는 여덟 개의 각각 특색 있는 라멘 전문점이 모여 있어 골라 맛볼 수 있는 곳입니다. 취향대로 골라 주문한 라멘의 맛은 맵거나 느글거리거나 별 감흥 없는 맛이었지만 술을 마시지 못하는 우리들의 생맥주 맛은 어디에도 표현되지 않은 부드러움에 반하고 말았답니다. 아마 첫 입맞춤이 이러하였을까요.

눈이 오고 눈은 쌓이고 잠시도 멈추지 않고 두근거림으로 쌓이는 눈. 저 바깥 어디에 당도하지 못할 한 사람을 나는 호텔 창문으로 보고 있습니다. 눈은 그치지 않고 춤추며 내리는 눈송이 아름다운 시로 거리 곳곳을 날고 있습니다. 그러다 지치면 어느 품에 들어 쉴까요. 늘 문장의 지옥에서 헤매는 나에게도 제대로 된 문장 한 줄 내 품 안에 들어와 숨 쉬었으면 좋을 꿈을 꾸어봅니다. 쉼 없이 오가는 제설차에 아침은 이어지고 일본 CF에 자주 등장한다는 '패치워크'의 길 미루나무 덩그렇게 서서 허공의 눈을 쓸고 있습니다.

 가이드 천화영의 여행지 설명은 인문학 강의실입니다. 막힘없이 술술 풀어내는 한국과 일본의 역사와 문화와 인물들을 비교하며 알기 쉽게 설명하는 모습에 푹 젖어 한 편의 소설을 읽고 있는듯합니다. 오래전 읽고 보았던 소설과 영화 중 가와바타 야스나리의 『설국』을, 이와이 슌지의 「러브레터」를, 아사다 지로의 『철도원』을 다시 소환하여 복습하는 기분은 여행이 주는 기쁨이었습니다.

 하늘 담은 듯 푸른 연못 '아오이이케'는 눈 속에 묻혀 하얗고 자작나무 눅눅한 겨울로 가득합니다. 추위 속의 고요. 바람의 힘에 부쳐서 웅크리고 있는 나무 사이로 쉭쉭쉭, 숨소리가 날고 있습니다. 캐모마일 티백을 우려내듯 우려낸 세월을 지층의 표면까지 다 우려낸 지상의 마지막 얼굴 같은 모습의 자작나무들, 그 사이로 우리는 동백꽃처럼 환하게 웃으며 열 지어 추억을 기록하고 있습니다.

 순백의 집을 열기 위해 먼 길 돌아온 홋카이도. 내 고향 고창은 '눈창'이라 불릴 정도로 눈이 많이 내립니다. 유년 시절 동생들과 뒷동산에서 비료 포대로 눈썰매 타던, 물 뿌려 얼려둔 앞마당에서 나무 썰매 타던 그 지겨움의 겨울을 오타루 오르골당 앞에서 속수무책으로 여기저기서 쫘당, 미끄러지는 모습들을 보면서 우리는 서로에게 조심하며 걷자고 아장아장 걸음마 배우듯 걷자고 다짐합니다. 상점의 반짝임보다 얼어붙은 거리가 더 반들거리고 있는 여기에서 우리는 서로의 골절상을 염려하면서 염화칼슘도 연탄재도 뿌려지지 않은 거리에서 안도현 시인의 시「연탄 한 장」이 왜 떠올랐는지 모릅니다.

 홋카이도에서 가장 큰 칼데라호인 '도야호수'. 유람선상에서 구입한 새우깡으로 갈매기를 유인합니다. 멀리 성층 화산이며 활화산이라는 요테이산이 친구들 손에 있군요. 잡을 수 없는 것은 멀리 있지만 잡히는 마음은 내 안에 있으니 이미 요테이산은 그대들 것입니다. 단 언제 폭발할지 모르는 활화산이라는 것. 또한 사람들의 감정 또한 이러하지 않았을까 짐작해 봅니다.

처음에는 강한 지진이 이 일대를 덮쳤고, 그 후 보리밭이 융기되면서 산이 됐다는, 쇼와시대에 새로 생겨 '쇼와신산'입니다. 가장 높은 표면 온도가 300도가 넘어 오를 수 없다는 산은 오늘도 뜨거운 화산가스를 내뿜고 있습니다. 마치 뭉게구름이 피어나는 것 같습니다. 산봉우리를 바라보다 나에게 시어는 뜨거워 닿지 못하는 쇼와신산처럼 잘 연결되지 않아 늘 불안하고 초조하다고, 고민이 고민에게 묻고 있습니다.

패키지여행은 서로 다른 만남이지요. 친해질 수도 무심할 수도 있는 잠깐의 함께이지만 만남은 아름답습니다. 하린 님과 두 딸들이 그렇습니다. 친절하게 밤의 삿포로 시내 중심가를 걸을 수 있는 즐거움을 준 두 친구의 길 안내로 돈키호테로 쇼핑갑니다. 우리들만으론 할 수 없는 시내 밤의 외출. 눈 쌓인 밤의 번화가 버스킹이 있고, 활기와 젊은이 넘치는 거리를 활보할 수 있는 여유로움을 선사하며 도착한 쇼핑몰은 복잡하고 정리되지 않아 소란스럽지만 재미있습니다. 일본산인 줄 알고 회비로 구입한 교세라 세라믹 식칼은 중국산이었음을 집에 와서야 알고 통탄하며 웃었지만요.

 여행의 묘미는 무엇일까요.

 열쇠를 방 안에 꽂아놓고 나와 보조키를 부탁해도 호텔직원과 번역기로조차 소통되지 않는 언어의 벽 앞에서 소통의 상호작용이 얼마나 중요한지를 터득하고,

 일본 전통 옷 입고 기념사진 찍으며 배꼽 움켜쥐고 웃을 수 있는 여유와 늘어진 몸매 자랑하며 온천욕으로 서로의 마음 녹이며 다른 시간의 나를 바라보는 일.

 서로 엇갈린 만남의 장소로 생긴 오해와 약속시간을 지키기 위해 앞이 안 보일 정도로 눈발 휘몰아치는 길을 빛의 속도로 달려도 제자리인 것 같은 오도리공원 TV탑이 멀고 아득하기만 하던,

 트렁크 무게에 짓눌려 치도세 공항 구석진 자리에서 더하기 빼기를 아무리 하여도 15kg의 숫자에서 헤어나지 못하고 시간만 오그라들던 사연 한 소절 엮어내던,

티켓팅이 꼴찌여도 입국심사가 맨 끝이어도 괜찮아. 그러나 배고픈 건 참을 수 없어 비행 중 우리들 저녁식사용 비닐봉지가 현자의 배낭에 매달려 찰랑찰랑 바스락거리며 마지막까지 웃음이 남겨지는 것 아닐까 생각해 봅니다.

또 떠나고 싶어집니다. 이 친구들과 여기 아닌 즐겁고 행복해지는 그 어딘가로.

도판 목록 및 인용문 출처

- 캐럴라인 냅, 『명랑한 은둔자』, 김명남 옮김. 2020, 바다출판사.
- 박완서, 『그 남자의 집』, 2004. 현대문학
- 올리비아 랭, 『외로운 도시』, 김병화 옮김, 2020, 어크로스.
- 공지영, 『그럼에도 불구하고』, 2020. 위즈덤하우스.
- 신은경, 『내 나이가 나를 안아주었습니다』, 2018, 마음의 숲.
- 조원재, 『방구석 미술관』, 2019, 블랙피쉬.
- 쑤쑤, 『인생을 바르게 보는 법 놓아주는 법』, 최인애 옮김, 2013, 다연.
- 이상국, 『달은 아직 그 달이다』, 2016, 창작과 비평.
- 실비 제르맹, 『프라하 거리에서 울고 다니는 여자』, 김화영 옮김, 2020, 문학동네.
- 산도르 마라이, 『섬』, 김인순 옮김, 2009년, 솔.
- 이탈로 칼비노, 『보이지 않는 도시들』, 이현경 옮김, 2014, 민음사, p. 40.
- 김연수, 『파도가 바다의 일이라면』, 2015, 문학동네, p. 201.

- 페데리코 가르시아 로르카, 『인상과 풍경』, 엄지영 옮김, 2008, 웅진싱크빅.
- 김훈, 『흑산』, 2011, 학고재, p. 10~11.
- 로버트슨 모지스, 『인생의 봄에는 할 일이 참 많습니다』, 류승경 옮김, 2023, 수오서재.
- 페르난두 페소아, 『시는 내가 홀로 읽는 방식』, 김한민 옮김, 2018, 민음사.
- 김소윤, 『난주』, 2018, 은행나무, p. 46~47, 50.
- 곽효환, 『슬픔의 뼈대』, 2014년, 문학과 지성사.
- 윤혜준, 『7개 코드로 읽는 유럽 도시』, 2021, 글담.
- 비스와바 쉼보르스카, 『끝과 시작』, 최성은 옮김, 2016, 문학과 지성사.
- 백은선, 『상자를 열지 않는 사람』, 2023, 문학동네.
- 막상스 페르민, 『눈』, 임선기 옮김, 2019, 난다.
- 고재종, 『독각』, 2022, 문학연대.

말하지 않은 것들이

말하는 곳으로

초판 1쇄 발행 2025. 2. 21.

지은이 김민재
펴낸이 김병호
펴낸곳 주식회사 바른북스

편집진행 이지나
디자인 김효나

등록 2019년 4월 3일 제2019-000040호
주소 서울시 성동구 연무장5길 9-16, 301호 (성수동2가, 블루스톤타워)
대표전화 070-7857-9719 | **경영지원** 02-3409-9719 | **팩스** 070-7610-9820

•바른북스는 여러분의 다양한 아이디어와 원고 투고를 설레는 마음으로 기다리고 있습니다.

이메일 barunbooks21@naver.com | **원고투고** barunbooks21@naver.com
홈페이지 www.barunbooks.com | **공식 블로그** blog.naver.com/barunbooks7
공식 포스트 post.naver.com/barunbooks7 | **페이스북** facebook.com/barunbooks7

ⓒ 김민재, 2025
ISBN 979-11-7263-968-6 03810

•파본이나 잘못된 책은 구입하신 곳에서 교환해드립니다.
•이 책은 저작권법에 따라 보호를 받는 저작물이므로 무단전재 및 복제를 금지하며,
이 책 내용의 전부 및 일부를 이용하려면 반드시 저작권자와 도서출판 바른북스의 서면동의를 받아야 합니다.
•해남 '토문재' 집필실을 이용하였습니다.